KB167385

_____ 학교 ____ 학년____반 _____ 의 책이에요.

신나는 교과 체험학습 시리즈 이렇게 활용하세요!

'체험학습'이란 책에서나 수업 시간에 배운 지식을 실제 현장에서 직접 경험해 보는 공부 방법이에요. 단순히 전시된 물건을 관람하거나 공연을 보는 것이 아니라 학습을 하기 전에 미리 필요한 정보를 조사하는 것까지를 포함한 모든 활동을 의미해요. 어떻게 공부할 것인지를 준비하면 그렇지 않은 경우보다 훨씬 더 많은 것을 보고 느끼게 되겠지요. 이 책은 체험학습을 하려는 어린이들에게 좋은 길잡이 역할을 할 거예요.

❶ 가기 전에 읽어 보세요

이 책은 체험학습 현장을 어린이들이 쉽게 이해할 수 있도록 풀이한 안내서예요. 어린이들이 직접 체험학습 현장을 찾아가는 데 필요한 정보가 들어 있어요. 체험학습 현장을 가기 전에 꼼꼼히 읽어 보세요.

❷ 현장에서 비교해 보세요

고성 공룡박물관에서 만날 수 있는 공룡들과 바닷가에서 볼 수 있는 진짜 공룡 발자국 화석에 대해 흥미롭게 풀어 놓았어요. 책으로 먼저 읽어 보고, 공룡박물관 현장에 가서 다시 한번 확인해 보세요. 현장에서 공룡들을 만나보는 재미가 남다를 거예요.

❸ 스스로 활동해 보세요

이 시리즈는 단지 지식을 전달하기 위한 교양서가 아니에요. 어린이 여러분이 교과서로 수업 시간에 배운 내용을 실제 현장에서 직접 체험하며 익힐 수 있도록 다양한 활동 내용을 담았지요. 책 중간이나 뒷부분에 이해를 돕기 위한 활동이 있으니 꼭 스스로 정리해 보세요.

❹ 견학 후 활동이 다양해요

체험학습 후에는 반드시 견학 후 여러 가지 활동을 해 보세요. 보고서 쓰기, 신문 만들기, 그림 그리기 등을 통해 체험학습에서 보고 들은 내용을 다시 한번 정리하면 알찬 체험학습이 될 거예요.

신나는 교과 체험학습 62

꼭꼭 숨어 있는 공룡의 발자국을 찾아라 **고성 공룡박물관**

초판 1쇄 발행 | 2006. 5. 20.
개정 3판 4쇄 발행 | 2023. 11. 10.

글 공달용 | 그림 안은진

발행처 김영사 | **발행인** 고세규
등록번호 제 406-2003-036호 | **등록일자** 1979. 5. 17.
주소 경기도 파주시 문발로 197(우10881)
전화 마케팅부 031-955-3100 | 편집부 031-955-3113~20 | 팩스 031-955-3111
사진 공달용 김원미 고성 공룡박물관

값은 표지에 있습니다.
ISBN 978-89-349-8776-5 64000
ISBN 978-89-349-8306-4 (세트)

좋은 독자가 좋은 책을 만듭니다. 김영사는 독자 여러분의 의견에 항상 귀 기울이고 있습니다.
전자우편 book@gimmyoung.com | 홈페이지 www.gimmyoungjr.com

어린이제품 안전특별법에 의한 표시사항

제품명 도서 제조년월일 2023년 11월 10일 제조사명 김영사 주소 10881 경기도 파주시 문발로 197
전화번호 031-955-3100 제조국명 대한민국 ⚠주의 책 모서리에 찍히거나 책장에 베이지 않게 조심하세요.

꼭꼭 숨어 있는 공룡의 발자국을 찾아라

고성 공룡박물관

글 공달봉 ᆞ 그림 인은지

주니어김영사

차례

고성 공룡박물관에 가기 전에

미리 준비하세요

1. 준비물 사진기, 필기도구, 《고성 공룡박물관》 책

2. 옷차림 견학을 갈 때에는 가볍고 편한 옷차림을 하는 게 좋아요. 지나치게 거추장스러운 옷차림이나 무거운 가방은 견학에 방해가 되거든요. 특히 공룡 발자국을 만나는 야외 전시장을 돌아보려면, 모자를 쓰고 걷기 편한 신발을 신는 게 좋아요.

미리 알아 두세요

관람일	화~일요일(매주 월요일, 1월 1일, 설날, 추석날은 휴관) 공룡박물관은 매주 월요일은 쉽니다. 꼭 기억하세요.
관람 시간	오전 9시 ~ 오후 6시(3월 ~ 10월) 오전 9시 ~ 오후 5시(11월 ~ 2월) 관람 종료 1시간 전까지 입장해야 해요.

관람 요금

대 상	어른	어린이	청소년
요 금	3,000원	1,500원	2,000원
단 체	2,500원	1,000원	1,500원

문 의	전화 (055) 670-4451
주 소	경남 고성군 하이면 덕명리 자란만로 618 고성 공룡박물관
홈페이지	http://museum.goseong.go.kr

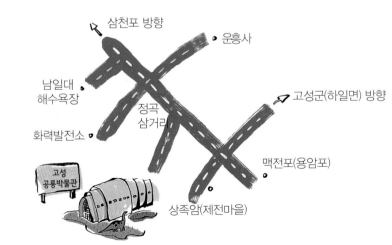

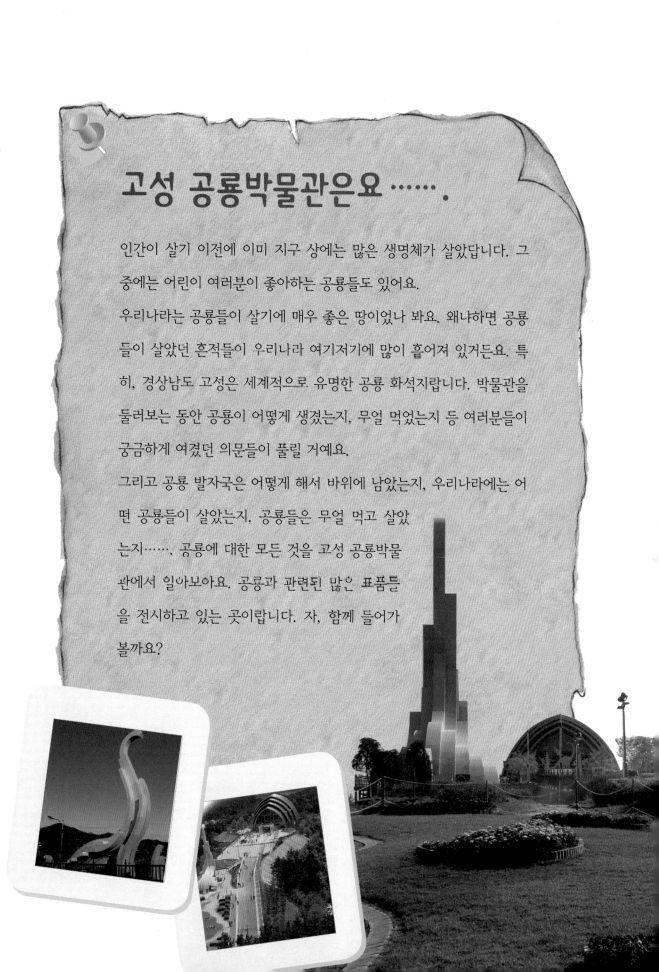

고성 공룡박물관은요 …….

인간이 살기 이전에 이미 지구 상에는 많은 생명체가 살았답니다. 그 중에는 어린이 여러분이 좋아하는 공룡들도 있어요.

우리나라는 공룡들이 살기에 매우 좋은 땅이었나 봐요. 왜냐하면 공룡들이 살았던 흔적들이 우리나라 여기저기에 많이 흩어져 있거든요. 특히, 경상남도 고성은 세계적으로 유명한 공룡 화석지랍니다. 박물관을 둘러보는 동안 공룡이 어떻게 생겼는지, 무얼 먹었는지 등 여러분들이 궁금하게 여겼던 의문들이 풀릴 거예요.

그리고 공룡 발자국은 어떻게 해서 바위에 남았는지, 우리나라에는 어떤 공룡들이 살았는지, 공룡들은 무얼 먹고 살았는지…….. 공룡에 대한 모든 것을 고성 공룡박물관에서 일아보아요. 공룡과 관련된 많은 표품들을 전시하고 있는 곳이랍니다. 자, 함께 들어가 볼까요?

한눈에 보는 고성 공룡박물관

① 박물관 주차장
② 공룡박물관
③ 공룡탑
④ 공룡다리
⑤ 경상남도 청소년 수련원
⑥ 공룡 공원
⑦ 탐방로
⑧ 산책로
⑨ 탐방로
⑩ 편의 시설
⑪ 광장
⑫ 제전마을 주차장

공룡 발자국

● 고성 공룡박물관이 있는 경상남도 고성군 하이면 자란만로 해안의 바위 일대는 상족암군립공원 지역이에요. 시루떡처럼 켜켜이 쌓여있는 모양의 바위는 파도에 깎여서 미로 같은 굴이 뚫려 있고, 바위 곳곳에는 공룡 발자국이 숨어 있답니다.

공룡 발자국

공룡박물관에 도착했나요?
주변으로 바닷가도 보이네요.
왠지 어디에선가 공룡들이 쿵쿵대며
걸어 다닐 것 같은 느낌이 든다고요?
숨을 크게 한번 쉬고 공룡들을 만나러
가 보아요.
공룡박물관 입구에 들어서면 여러분
을 반기고 있는 공룡들이 보일 거예요.
안녕! 티라노!

2층 전시실

박물관 매표소를 지나 건물로 들어서면 그곳이 바로 2층이에요.
입구에는 다른 공룡의 알을 훔치는 듯 보이는 오비랩터가 우리를 반긴답니다.
우리에게 공룡은 크고, 무서운 존재로 알려져 있어요.
하지만 이곳을 돌아보다 보면 키나 몸집이 큰 공룡이 있는가 하면 작은 공룡들도
있었으며, 무서운 공룡보다는 오히려 온순하고 모성애가 강한 공룡들이 더 많다
는 사실을 알게 될 거예요.

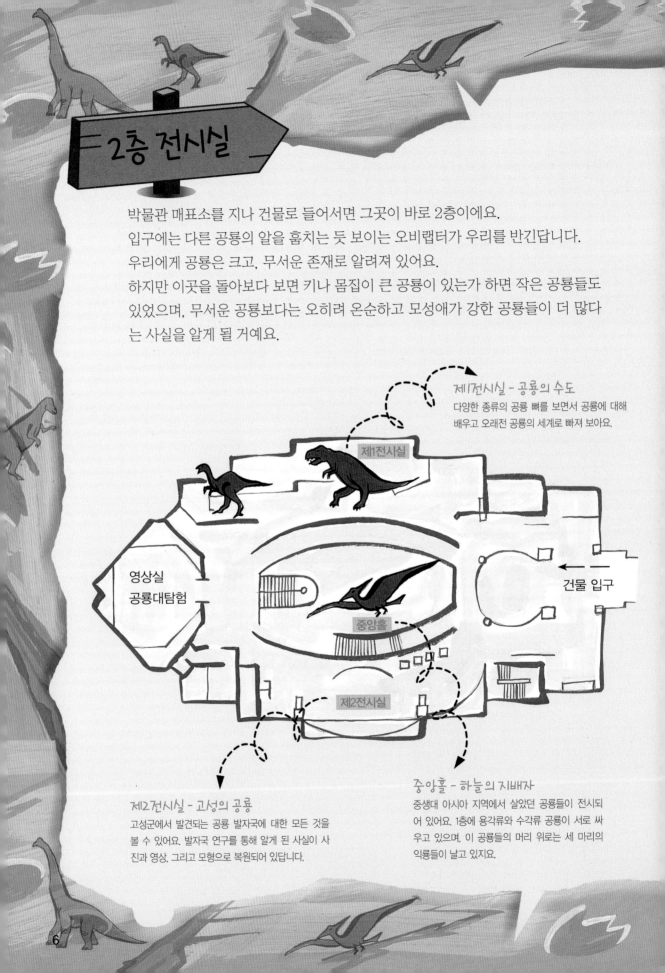

제1전시실 - 공룡의 수도
다양한 종류의 공룡 뼈를 보면서 공룡에 대해
배우고 오래전 공룡의 세계로 빠져 보아요.

제1전시실

영상실
공룡대탐험

중앙홀

건물 입구

제2전시실

제2전시실 - 고성의 공룡
고성군에서 발견되는 공룡 발자국에 대한 모든 것을
볼 수 있어요. 발자국 연구를 통해 알게 된 사실이 사
진과 영상, 그리고 모형으로 복원되어 있답니다.

중앙홀 - 하늘의 지배자
중생대 아시아 지역에서 살았던 공룡들이 전시되
어 있어요. 1층에 용각류와 수각류 공룡이 서로 싸
우고 있으며, 이 공룡들의 머리 위로는 세 마리의
익룡들이 날고 있지요.

24시간으로 본 지구 역사

AM

새벽 0시 2분
지구가 태어났어요.

새벽 4시
해양 생물이 나타나기 시작했어요.

아침 8시
한반도에서 가장 오래된 암석이 생겼어요.

PM

오후 9시
강원도 지역에 석회암이 생기고, 바다조개가 나타났어요.

밤 11시 30분
경상남도 지역의 호수 주위에 공룡들이 많이 살았어요.

밤 11시 50분
동해가 만들어지며 한반도와 지금의 일본 땅이 분리됐어요.

밤 11시 59분 42초
현재 인간의 모습과 같은 호모 사피엔스가 나타났지요.

지구의 나이

어린이 여러분! 지구의 나이는 몇 살일까요? 그리고 공룡의 나이는요? 헤아리기 어렵다고요? 맞아요. 지구의 나이는 무려 46억 살이나 되고, 공룡의 나이는 제일 어린 공룡이 6천 5백만 살이나 된대요. 놀랍지요?

우리가 살고 있는 지구는 지금으로부터 약 46억 년 전에 태어났어요. 처음에는 아무런 생명체도 살지 않았고, 산도 호수도 없었어요. 그리고 가장 중요한 산소도 없었지요. 시간이 흐르면서 산소가 생기고, 생명체가 생겨나기 시작했어요. 가장 오래된 생명체는 35억 년 전에 생겨났어요. 이 생명체는 바다에서 태어났지요. 이후 바다는 더 많은 생명체가 태어날 수 있게 바뀌어 갔으며, 마침내 약 6억 년 전 바다에서는 엄청나게 많은 생명체가 살기 시작했답니다.

그럼, 그 당시 육지에는 어떤 생명체가 살았을까요? 바다 속에 많은 해양 파충류가 산 것처럼 육지에는 육상 파충류가 많이 살았답니다. 그 육상 파충류 중 가장 힘센 대장은 공룡이었고요. 여러분들이 외우고 있는 모든 종류의 공룡들이 이 시기에 나타난 것이지요. 하지만 이때까지도 인간은 나타나지 않았어요. 공룡이 사라진 후, 아주 아주 많은 시간이 흐른 뒤에 나타났거든요. 인간이 출현하기까지의 시간은 지구 역사의 99.9퍼센트나 돼요.

지구에 공룡이 나타났다!

오비랩터를 지나서 제1전시실로 들어왔나요? 이제 본격적으로 공룡에 대해 알아보아요. 그럼, 공룡은 46억 살이나 된 지구에 언제 나타났을까요?

때는 바야흐로 2억 3천만 년 전이에요. 이때 지구의 날씨는 점점 덥고 건조해지기 시작했어요. 추운 극지방의 날씨도 15도 정도로 봄날 같았지요. 이렇게 날씨가 덥고 건조해지자 공룡들이 곳곳에서 모습을 보이기 시작했어요.

맨 처음으로 공룡이 나타난 곳은 지금의 아르헨티나 지역이에요. 아르헨티나의 조그만 마을에 처음 나타난 공룡은 이후 많은 곳에서 다양한 모습으로 나타나기 시작했어요.

처음에 모습을 보인 공룡은 덩치가 작은 육식 공룡이었어요. 녀석들의 크기는 1미터 정도로 그다지 크지는 않았지요. 하지만 *티라노사우루스*와 같은 크고 무서운 공룡들이 점점 나타나기 시작했지요.

공룡은 크기도 달랐고, 먹는 것도 제각각이었어요. 큰 공룡, 작은 공룡, 육식 공룡, 초식 공룡들은 같이 모여 살기도 하고 혼자 살기도 했어요. 대부분의 초식 공룡들은 무리 지어 살았지만 육식 공룡들은 혼자 살았지요.

2억 3천만 년 전에 태어난 공룡은 6천 5백만 년 전까지 무려 1억 6천 5백만 년 동안 지구에서 살았어요. 하지만 공룡과 대부분의 초기 파충류들은 중생대가 끝나는 6천 5백만 년 전에 모두 죽고 만답니다.

🎈 새가 공룡의 친척이래!

공룡이 지구에서 사라졌을 때 살아남은 두 무리가 있었어요. 바로 악어류와 새들이에요. 이때의 새를 지금의 새와 구분해서 '시조새'라고 하지요. 쥐라기 후기에 등장한 시조새는 지금의 파충류와 조류의 특징을 모두 가지고 있었지요. 즉, 깃털이 달려 있고, 발가락이 몸에 비해 크며, 지금의 조류와 똑같은 엉덩이 뼈 구조를 하고 있어요. 그리고 파충류처럼 부리에 이빨이 나 있으며, 22~23개의 뼈로 이루어진 꼬리랑 앞 발톱도 있었고, 손목도 자유롭게 썼지요. 이 시조새가 진화해 지금의 새가 된 것이랍니다. 이런 증거들을 보면 새는 공룡의 친척이라고 할 수 있답니다.

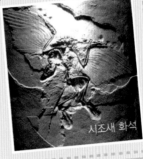

시조새 화석

그런데, 중생대가 뭐예요?

오랫 동안 지구를 장악했던 공룡들이 중생대에 갑자기 사라졌다고 했는데, 도대체 중생대가 뭘까요?

산이나 들에서 죽은 동물이나 식물은 어쩌다 보면 화석으로 남는 경우가 있어요. 이런 운데 2억 5천만 년 전부터 6천 5백만 년 전까지를 '중생대'라고 부르는 거예요. 그리고 중생대 이전의 시대를 '고생대'라 하고, 중생대 이후부터 우리가 살고 있는 때까지를 '신생대'라고

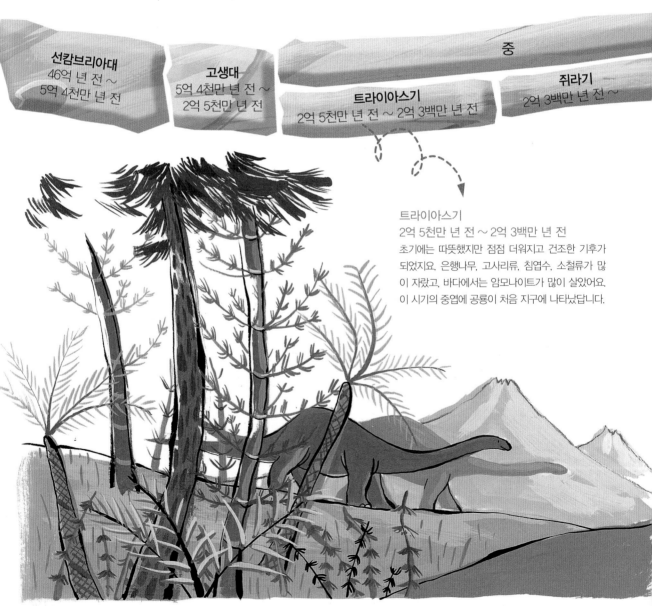

선캄브리아대
46억 년 전 ～
5억 4천만 년 전

고생대
5억 4천만 년 전 ～
2억 5천만 년 전

중

트라이아스기
2억 5천만 년 전 ～ 2억 3백만 년 전

쥐라기
2억 3백만 년 전 ～

트라이아스기
2억 5천만 년 전 ～ 2억 3백만 년 전
초기에는 따뜻했지만 점점 더워지고 건조한 기후가 되었지요. 은행나무, 고사리류, 침엽수, 소철류가 많이 자랐고, 바다에서는 암모나이트가 많이 살았어요. 이 시기의 중엽에 공룡이 처음 지구에 나타났답니다.

부른답니다. 그리고 고생대 이전의 시대는 '선캄브리아대'라고 구분하지요.

공룡들이 지구에서 주인 노릇을 하며 살았던 시대가 바로 중생대랍니다. 중생대는 다시 트라이아스기, 쥐라기, 백악기로 나뉘어요. 그리고 각 시기마다 다른 공룡들이 나타났지요. 자, 그럼 각 시대에 어떤 공룡들이 살았는지 한번 알아볼게요.

생
대

1억 3천 5백만 년 전

백악기
1억 3천 5백만 년 전 ∼ 6천 5백만 년 전

신생대
6천 5백만 년 전 ∼ 현재

백악기 1억 3천 5백만 년 전 ∼ 6천 5백만 년 전
백악기는 오늘날의 대륙 분포와 비슷한 모습을 갖추게 되는 시기랍니다. 기온은 전반적으로 따뜻했으며, 사계절이 구분되기 시작했어요. 이 시기는 공룡이 가장 많이 살지만 백악기 말에는 공룡이 멸종할 정도로 심한 기후의 변화가 일어나요.

쥐라기
2억 3백만 년 전 ∼ 1억 3천 5백만 년 전
쥐라기에는 하늘을 나는 익룡이 등장해 하늘, 땅, 바다가 모두 파충류의 세계로 변해요. 또한, 초식 공룡들은 점차 몸집이 커져요. *디플로도쿠스*와 *브라키오사우루스* 같은 거대한 공룡들이 등장하지요. 또한 쥐라기의 가장 큰 사건은 시조새가 등장한 거예요. 후기 쥐라기에 등장한 시조새는 공룡의 특징을 많이 가지고 있어 새가 조그만 육식 공룡에서 진화해 왔다는 것을 말해 주지요.

엉덩이 뼈가 같으면 한 가족!

자, 지금부터 어떤 공룡들이 있는지 알아볼까요? 제1전시실을 둘러보면 뼈만 앙상하게 드러난 동물들이 줄줄이 서 있어요. 자세히 보면 큰 공룡, 작은 공룡, 뿔이 달린 공룡, 목이 긴 공룡 등 여러 공룡들이 저마다 다른 모습으로 서 있어요.

이렇게 다양한 모습으로 서 있는 공룡은 크게 용반류와 조반류로 나뉘어요. 엉덩이 뼈의 모양을 보고 구분한 것이에요.

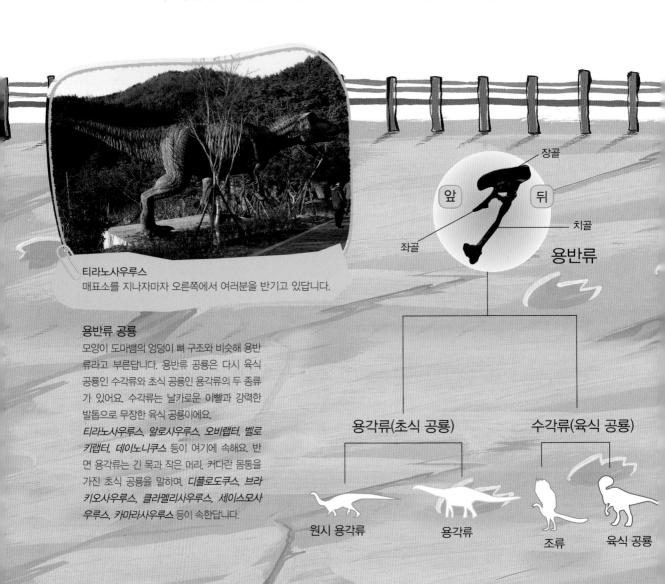

티라노사우루스
매표소를 지나자마자 오른쪽에서 여러분을 반기고 있답니다.

앞 뒤
장골
좌골
치골
용반류

용각류(초식 공룡)
수각류(육식 공룡)

원시 용각류   용각류   조류   육식 공룡

용반류 공룡
모양이 도마뱀의 엉덩이 뼈 구조와 비슷해 용반류라고 부른답니다. 용반류 공룡은 다시 육식 공룡인 수각류와 초식 공룡인 용각류의 두 종류가 있어요. 수각류는 날카로운 이빨과 강력한 발톱으로 무장한 육식 공룡이에요. *티라노사우루스, 알로사우루스, 오비랩터, 벨로키랩터, 데이노니쿠스* 등이 여기에 속해요. 반면 용각류는 긴 목과 작은 머리, 커다란 몸통을 가진 초식 공룡을 말하며, *디플로도쿠스, 브라키오사우루스, 클라멜리사우루스, 세이스모사우루스, 카마라사우루스* 등이 속한답니다.

공룡의 엉덩이 뼈를 자세히 보면 장골, 치골, 좌골의 세 가지 뼈로 구성되어 있어요. 장골은 가장 큰 뼈로, 엉덩이의 위쪽 부분이지요. 엉덩이 뼈와 척추를 연결하고 있어요. 반면 좌골과 치골은 아래쪽으로 뻗어 있는 뼈로, 강한 다리 근육이 붙어 있어요. 이 세 개의 뼈 중에서 치골과 좌골의 위치에 따라 용반류와 조반류로 구분한답니다. 그럼 이 무리에 속한 공룡의 가족을 만나 보아요.

🔍 공룡은 파충류와 어떤 관계야?

공룡, 공룡 하는데, 과연 어떤 동물을 공룡이라고 할까요? 한마디로 공룡은 중생대에 살았던 육상 파충류를 말해요. 즉 하늘을 나는 익룡과 바다에 사는 수장룡이나 어룡은 공룡이 아니에요. 익룡은 하늘을 날았던 파충류이고, 수장룡과 어룡은 바다에서 살았던 파충류예요. 그러니까 공룡은 땅에 살았던 파충류의 일종이라고 할 수 있어요. 그리고 공룡을 구분 짓는 또 하나의 특징은 똑바로 선다는 거예요. 공룡의 다리는 몸통에서 아래쪽으로 곧바로 뻗은 데 반해 같은 파충류이지만 악어와 도마뱀은 다리가 몸통 옆으로 달려 있어 'ㄱ'자 모양을 하고 있답니다.

트리케라톱스
매표소를 지나자마자 왼쪽에서 여러분을 반기고 있답니다.

장골
앞
뒤
좌골
치골
조반류

조반류 공룡

좌골과 치골이 새의 엉덩이 뼈 구조와 비슷해서 조반류라고 하지요. 조반류에는 각룡류(뿔 공룡), 곡룡류(갑옷 공룡), 후두류(박치기 공룡), 검룡류(판 공룡) 및 조각류(새다리 공룡) 등이 있으며, 모두 초식 공룡들이에요.
트리케라톱스, 프로토케라톱스 같은 각룡류는 얼굴에 뿔이 있고, *안킬로사우루스, 에드몬토니아* 같은 곡룡류는 온몸이 갑옷 같은 껍질에 덮여 있어요. *파키케팔로사우루스* 같은 박치기 공룡은 머리가 두꺼운 뼈로 되어 있고, *투오지앙고사우루스, 스테고사우루스* 같은 검룡류는 골판이 있답니다.
이구아노돈, 힙실로포돈 같은 조각류는 대부분의 조반류 공룡이 네 발로 걷는 것에 비해 가끔 네 발로 걷기도 했지만 주로 두 발로 걸었답니다.

조각류

이구아노돈   힙실로포돈   뿔 공룡과 그 친척들   박치기 공룡   갑옷 공룡과 그 친척들   판 공룡

공룡 뼈의 주인을 찾아라

공룡을 엉덩이 뼈 모양으로 구분한다니 재미있지요? 그런데, 정말 그 모양으로 구분할 수 있을까요? 제1전시실에 왔다면 한번 자세히 살펴보아요. 앞에서 들은 이야기를 바탕으로 전시실 공룡 뼈들의 엉덩이 부분을 자세히 살펴보세요. 공룡 뼈의 구조를 자세히 살펴보면 이들이 어떻게 중생대에 강자로 살아남을 수 있었는지 알 수 있답니다.

사실 공룡은 중생대 초기 생태계에 영향을 미칠 만큼 중요한 존재는 아니었어요. 숫자도 그렇게 많지 않았지요. 그런데, 이들은 시간이 지날수록 다른 파충류들과는 달리 빠른 속도로 번식해 나가 어느 순간 생태계에서 가장 중요한 위치를 차지하게 된답니다. 그것은 빠르게 달릴 수 있는 다리 덕분이었지요. 빠르게 달릴 수 있으면 적의 공격을 피하고 먹이를 구하는 데 유리하니까요.

🔍 공룡이라는 이름은 누가 지었을까?

1842년 리처드 오언은 영국의 파충류 화석에 관한 논문에서 '공룡'이라는 이름을 만들어 냈어요. 공룡은 '무서운 도마뱀'이라는 뜻으로 멸종한 동물의 거대한 크기를 감안해 붙인 이름이에요. 처음에 공룡으로 분류된 세 종류는 메갈로사우루스, 이구아노돈, 힐라에오사우루스였어요. 오언은 이 세 동물의 뼈 구조가 살아 있거나 멸종한 어떤 파충류하고도 다르다는 점을 정확히 지적했답니다.

공룡 뼈들은 누구의 것?

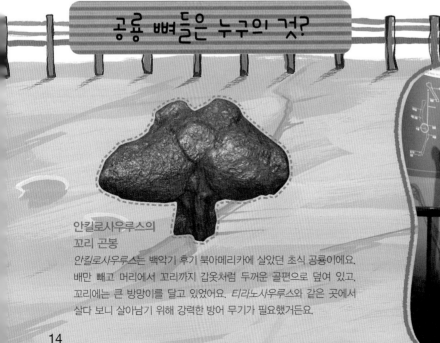

안킬로사우루스의 꼬리 곤봉
안킬로사우루스는 백악기 후기 북아메리카에 살던 초식 공룡이에요. 배만 빼고 머리에서 꼬리까지 갑옷처럼 두꺼운 골편으로 덮여 있고, 꼬리에는 큰 방망이를 달고 있었어요. *티라노사우루스*와 같은 곳에서 살다 보니 살아남기 위해 강력한 방어 무기가 필요했거든요.

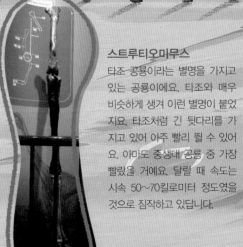

스트루티오마무스
타조 공룡이라는 별명을 가지고 있는 공룡이에요. 타조와 매우 비슷하게 생겨 이런 별명이 붙었지요. 타조처럼 긴 뒷다리를 가지고 있어 아주 빨리 뛸 수 있어요. 아마도 중생대 공룡 중 가장 빨랐을 거예요. 달릴 때 속도는 시속 50~70킬로미터 정도였을 것으로 짐작하고 있답니다.

여기서
잠깐!

방어 무기의 주인을 찾아라!

초식 공룡들은 육식 공룡의 공격에 대비해 다양한 방어 무기를 지니고 있었어요.
다음의 방어 무기는 각각 어떤 공룡의 것일까요?

안킬로사우루스

이구아노돈

투오지앙고사우루스

뾰족한 꼬리뼈

묵직한 꼬리곤봉

뾰족한 엄지발톱이 달린 앞발

☞ 정답은 72쪽에

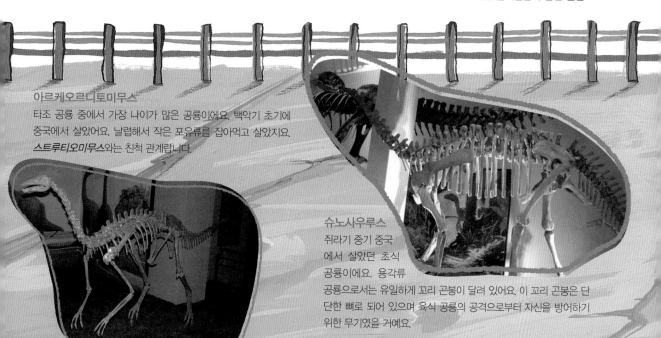

아르케오르니토미무스
타조 공룡 중에서 가장 나이가 많은 공룡이에요. 백악기 초기에
중국에서 살았어요. 날렵해서 작은 포유류를 잡아먹고 살았지요.
스트루티오미무스와는 친척 관계랍니다.

슈노사우루스
쥐라기 중기 중국
에서 살았던 초식
공룡이에요. 용각류
공룡으로서는 유일하게 꼬리 곤봉이 달려 있어요. 이 꼬리 곤봉은 단
단한 뼈로 되어 있으며 육식 공룡의 공격으로부터 자신을 방어하기
위한 무기였을 거예요.

이 외에도 공룡들의 뼈를 자세히 보면 안킬로사우루스의 꼬리뼈처럼 적을 무찌를 수 있는 무기들을 제각기 지니고 있었답니다.

그런데, 이렇게 큰 공룡의 뼈들을 어떻게 모두 찾아서 붙였을까요? 그리고 이 뼈들은 진짜일까요? 아니랍니다. 사실 우리나라나 외국의 박물관에서 보는 공룡 뼈는 대부분 가짜 뼈예요. 만져 보면 플라스틱과 같은 느낌이 들지요. 그렇다면, 왜 진짜 뼈를 전시하지 않는 걸까요? 진짜 뼈는 너무 무거워 형체대로 세우기가 어렵기 때문이에요. 또 귀중한 연구 자료인 진짜 뼈의 손상을 막기 위해서이기도 하지요.

공룡의 이름은 어떻게 만들어지나요?

공룡의 이름은 공룡이 발견된 장소, 몸의 특징, 발굴 작업에 참여한 사람 등의 이름을 따서 짓는답니다. 보통 라틴 어나 그리스 어 두 단어로 만들어요. 예를 들면, 티라노사우루스 렉스처럼요.

🐦 손상
물체가 깨지거나 상해 원래 모습을 잃는 것을 말해요.

벨로키랩터
영화 〈쥬라기 공원〉에서 랩터로 나온 공룡이에요. 별명이 '날쌘 도둑'인 녀석은 특히 둘째 발가락이 매우 커서 마치 큰 갈고리나 낫을 들고 있는 것 같아요. 둘째 발가락에 발달한 이 커다란 갈고리 모양의 발톱은 초식 공룡을 공격하는 데 아주 좋은 무기였을 거예요. 녀석들은 무리를 지어 사냥을 했으며, 눈이 커서 잘 보이기 때문에 사냥도 잘했을 거예요.

오비랩터
처음 발견될 당시 프로토케라톱스의 둥지로 보이는 곳에서 발견되어 '알 도둑'이라는 별명을 얻은 공룡이에요. 이후 이 공룡이 품었던 알이 남의 알이 아니라, 자신의 알이었다는 사실이 밝혀졌지요.

투오지앙고사우루스
15쌍의 골판이 목에서부터 꼬리까지 달려 있는 공룡이에요. 육식 공룡의 공격을 방어하기 위해 꼬리 끝에는 두 쌍의 뾰족한 골침이 발달해 있는 것이 특징이에요.

여기서
잠깐!

공룡의 이름을 지어라!

공룡박물관 입구로 들어서자마자 만나는 공룡인 *오비랩터*예요.
이 공룡은 다른 공룡의 알 둥지에서 발견됐다는 오해로 인해서 '알도둑'이라는 별명을 갖게 됐어요. 사실은 모성애가 뛰어난 공룡인데 말이에요. 여러분이라면 어떤 별명을 붙여 주고 싶나요?
모습을 잘 살펴보고 어울릴 만한 이름을 지어 보세요.

(   )

티라노사우루스

지금까지 알려진 공룡 중 가장 유명해요. 백악기 후기에 살았던 녀석은 거니란 몸집만큼이나 머리도 커서 길이 1.5미터에, 두개골의 무게만도 200킬로그램에 달했어요. 그래서 뒷다리를 중심으로 몸의 균형을 맞추기 위해 앞발은 매우 작았고, 꼬리는 안정감을 주기 위해 더욱 튼튼하게 발달했지요. 거대한 턱 안에는 20센티미터에 달하는 큰 이빨이 50~60개 정도 나 있었어요.

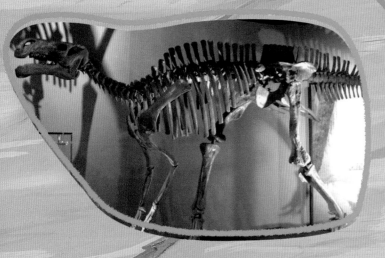

이구아노돈

최초로 발견된 공룡 중 하나예요. 대부분의 조각류 공룡이 네 발로 걸어다녔지만 *이구아노돈*은 네 발로도 두 발로도 걸을 수 있었어요. 녀석의 앞발에는 고깔 모양의 뾰족한 엄지발톱이 있는데, 이 발톱은 육식 공룡의 공격에 방어할 수 있는 방어 무기로 사용되었지요.

바위에 남아 있는 공룡 발자국

**세계 3대 공룡 발자국
화석 산지**

① 미국 콜로라도 주

② 아르헨티나 서부 해안

③ 한국 경남 고성

공룡 뼈들의 주인들을 만나 보았나요? 그렇다면 이 공룡들이 지배했던 중생대 한반도의 중심지는 어디였을까요? 바로 남해안에 접해 있는 경상남도 고성이었어요. 이곳은 중생대에 공룡들이 가장 많이 살았기 때문에 공룡 학자들은 고성을 세계 3대 공룡 발자국 화석 산지로 꼽는답니다.

지금 고성은 큰 바다와 접해 있지만 공룡들이 살았던 중생대 백악기에는 큰 호수가 있는 아름다운 곳이었어요. 그때의 호수 주변에서는 큰 공룡, 작은 공룡, 초식 공룡, 육식 공룡들이 물을

찾아 거닐었지요. 하늘에는 **익룡**과 새들이 날아다니며 호수 주변에서 먹이를 구하고, 호수 건너 먼 곳까지 날아다녔답니다. 물을 많이 머금고 있는 호수 주변의 땅은 거의 진흙 상태였어요. 그래서 호숫가에 물을 먹으러 나온 많은 공룡들의 발자국이 부드러운 진흙에 찍혔던 것이에요.

이후 많은 시간이 흐르면서 부드러웠던 진흙은 단단한 돌로 변했지요. 그래서 공룡은 사라졌지만 공룡이 남긴 흔적들은 그대로 남게 된 거예요.

고성에 남아 있는 공룡의 발자국을 보면 중생대 백악기 당시 고성에 번성했던 공룡 제국의 역사를 짐작할 수 있답니다.

익룡

중생대에 하늘을 날아다니던 파충류를 말해요. 쥐라기 초기에 나타나 백악기까지 살았어요.

🎈 공룡 발자국과 새 발자국 화석이 함께 발견된다고?

공룡 발자국을 찾다 보면 같은 지층면(바위면)에서 새 발자국도 함께 발견되는 것을 알 수 있어요. 어찌된 일일까요? 공룡은 무겁고 새는 가벼운데 말이죠. 당시의 땅은 새가 발자국을 남길 정도로 무른 진흙이었기 때문이랍니다. 고성에서 공룡 발자국을 만나면 주변에서 새 발자국도 함께 찾아보세요.

어떤 공룡의 발자국일까?

고성이 공룡들의 중심지였으니 이곳에서는 많은 공룡이 살다가 사라졌을 거예요. 고성에서 수많은 공룡 발자국이 발견되는 것을 보면 알 수 있지요. 공룡은 그 종류가 다양한 만큼 발자국 모양도 아주 다양했어요. 하지만 아무리 다양해도 발자국 모양만 보면 초식 공룡인지 육식 공룡인지 구분할 수 있지요. 또한 얼마나 큰지, 얼마나 빠른지도 알 수 있답니다.

그럼, 고성에서 발견되는 공룡 발자국에는 어떤 것들이 있으며, 각각의 발자국 화석은 어떤 특징을 가지고 있는지 알아볼까요? 고성군에서는 공룡 발자국이 이어지는 모양이 410군데에서 발견됐어요. 발자국 수로는 확인된 것만 5천 족이 넘지요. 그중에서 초식 공룡인 조각류 발자국이 61퍼센트, 용각류 발자국이 34퍼센트로 많이 발견되었으

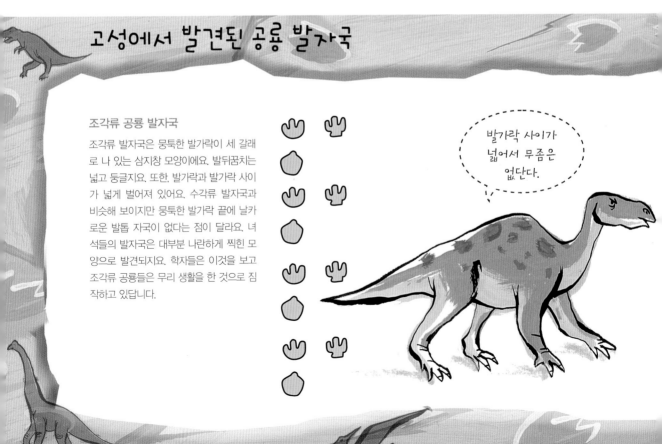

고성에서 발견된 공룡 발자국

조각류 공룡 발자국

조각류 발자국은 뭉툭한 발가락이 세 갈래로 나 있는 삼지창 모양이에요. 발뒤꿈치는 넓고 둥글지요. 또한, 발가락과 발가락 사이가 넓게 벌어져 있어요. 수각류 발자국과 비슷해 보이지만 뭉툭한 발가락 끝에 날카로운 발톱 자국이 없다는 점이 달라요. 녀석들의 발자국은 대부분 나란하게 찍힌 모양으로 발견되지요. 학자들은 이것을 보고 조각류 공룡들은 무리 생활을 한 것으로 짐작하고 있답니다.

발가락 사이가 넓어서 무좀은 없단다.

며, 육식 공룡 수각류의 발자국은 5퍼센트 정도랍니다. 초식 공룡의 발자국이 전체의 95퍼센트를 차지할 정도로 많아요. 육식 공룡인 수각류가 많았다면 다른 공룡들이 살아남기 어려웠을 거예요. 이렇게 먹이 동물인 초식 공룡이 많고 포식 동물인 수각류가 적은 것은 생태계의 안정을 위해 당연한 현상이었지요.

고성군에서 발견되는 발자국은 모양과 크기가 매우 다양해요. 모양은 조각류, 용각류, 수각류에 따라 모두 다르지요. 발자국의 모양을 잘 살펴보면 조각류는 5가지, 용각류와 수각류는 각각 4가지 형태의 발자국이 있답니다. 이것으로 고성 지역에는 적어도 13종 이상의 공룡들이 살았던 것을 알 수 있지요.

지금도 고성에서는 공룡 발자국이 끊임없이 발견되고 있어요. 이를 바탕으로 학자들이 계속 연구하고 있으니, 연구 결과가 밝혀지면 이보다 더 많은 공룡이 살았을지 모른다는 사실이 밝혀질지도 몰라요.

🐾 **먹이 동물**
다른 동물에게 잡아먹히는 동물을 말해요.

🐾 **포식 동물**
다른 동물을 잡아먹는 동물을 말해요.

용각류 공룡 발자국

목이 길고 몸집이 큰 *브라키오사우루스*와 같은 용각류는 네 다리를 이용하여 걸어 다녔어요. 이들의 발자국은 코끼리처럼 타원형이나 둥근 모양이 많아요. 특히 앞발보다 뒷발의 크기가 더 크고, 크기가 다른 두 종류의 둥근 발자국이 번갈아가며 규칙적으로 찍혀 있는 게 특징이랍니다. 발자국의 크기는 가장 작은 것이 9센티미터이며 큰 것은 100~110센티미터로 아주 크답니다.

수각류 공룡 발자국

조각류의 것처럼 삼지창 모양을 하고 있지만 발가락 끝에 날카로운 발톱 자국이 남아 있는 것이 약간 달라요. 발바닥을 땅에 딛지 않고 발가락으로 걷기 때문에 발자국은 세 개의 발가락이 찍힌 좁고 뾰족한 모양이랍니다. 이 공룡들은 주로 혼자 돌아다니기 때문에 단독으로 발견되는 경우가 많지요.

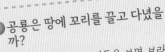

여기서 잠깐!

발자국의 주인을 찾아라!

발자국 화석만으로 그 주인이 어떤 공룡인지 정확히 알기는 어려워요. 하지만 발자국 화석의 모양을 통해 어떤 종류의 공룡인지는 알 수 있답니다. 공룡은 종류에 따라 뼈의 특징과 발바닥의 모양이 다르기 때문이에요. 발자국을 보면 앞발과 뒷발의 크기가 얼마나 차이가 나는지 또 발가락의 개수는 몇 개인지도 알아낼 수 있답니다. 다음은 공룡들의 걸음걸이에 따른 발자국을 그려 본 거예요. 어떤 공룡의 것인지 맞는 공룡을 연결해 보세요.

공룡은 땅에 꼬리를 끌고 다녔을까?

오래된 공룡 책이나 그림들을 보면 브라키오사우루스 같은 거대한 용각류들이 물 속에 들어가 있거나 꼬리를 땅에 끌고 다니는 모습으로 표현된 것을 볼 수 있어요. 그런 책이 나올 당시만 해도 거대한 몸집을 가진 공룡이 육지를 걸어 다니기 위해서는 큰 꼬리를 땅에 끌고 다녔을 것이라 여겼던 것이죠. 그러나 실제 공룡은 꼬리를 땅에 끌고 다니지 않았답니다.

수각류   조각류   용각류   안킬로사우루스   트리케라톱스

☞ 정답은 72쪽에

공룡 발자국 화석을 왜 연구할까?

　고성군에는 바로 어제 저녁에 공룡이 지나간 듯한 발자국이 많이 남아 있어요. 이런 발자국을 살펴보고 우리는 공룡이 살았던 당시의 환경을 짐작하지요. 발자국 화석을 자세히 연구해 보면 발자국의 주인은 어떤 종류의 공룡이었는지, 어디로 어떻게 이동했는지, 어떻게 행동했는지를 알 수 있답니다. 또한 발자국 화석이 남아 있는 지층(바위 층)을 연구하면 공룡들이 살았을 당시의 환경에 대해서도 짐작할 수 있어요.

　특히 고성의 공룡 발자국 화석지는 공룡이 꼬리를 끌지 않고 걸었다는 결정적인 증거를 보여 주고 있지요. 만약 공룡이 꼬리를 땅에 끌고 다녔다면, 공룡 발자국과 함께 꼬리가 끌린 흔적이 남아 있었을 텐데 고성 지역에서는 발자국 주변에 꼬리가 끌린 흔적이 하나도 발견되지 않았거든요.

　이처럼 발자국 화석은 공룡 뼈 화석만으로는 알 수 없었던 공룡의 행동과 관련된 많은 사실을 알려 주는 매우 중요한 자료이지요. 그래서 공룡 발자국 화석을 연구한답니다.

찍히고, 단단해지고

생명체가 죽어 화석으로 남기는 매우 어려워요. 화석이 되기도 전에 썩거나 분해되어 없어질 테니까요. 발자국 화석도 다른 화석들만큼이나 만들어지기가 어려워요. 하지만 고성 지역의 바위 위를 걷다 보면 공룡 발자국을 많이 볼 수 있답니다. 그럼, 어떻게 1억 년 전의 공룡 발자국이 아직도 남아 있는지 알아보기로 해요.

1억 년 전 어느 날이에요. 진흙(뻘)과 모래가 계속 쌓이는 얕은 물 속이나 호숫가에 공룡들이 지나갔어요. 물론 발자국을 남겨 놓고 말이에요. 발자국은 햇볕이 비치고 바람이 지나가면서 얼마간 시간이 흘러 단단하게 굳어졌어요. 그리고 시간이 지나자 굳어진 발자국과 발자국이 찍힌 **퇴적물** 위에 다른 퇴적물이 계속 쌓였어요. 이때 퇴적물이 위에서 누르는 힘이 세지면 발자국이 찍힌 퇴적물은 더욱 단단한 암석으로 변해요. 물론 발자국도 함께 단단

하이면 덕명리 해안에서 발견된 수각류 발자국

퇴적물
암석의 조각이나 죽은 생명체 등이 물, 빙하, 바람 따위의 힘으로 운반되어 땅 표면에 쌓인 물질을 말해요.

공룡 발자국 화석은 어떻게 만들어질까?

❶ 공룡들이 물을 마시기 위해 호숫가로 걸어와 뻘이나 모래로 된 바닥에 발자국을 남겨요.

❷ 오랫동안 공기 중에 드러내 놓고 있던 발자국은 그대로 굳어요.

해지지요. 이렇게 쌓이고 단단해지는 과정이 계속 반복되었어요. 그 후 발자국이 찍힌 지층이 지각 운동으로 하늘 위로 솟아오르거나 바람과 물 등의 힘으로 깎여 땅 표면에 나타나 우리 눈에 띈 것이에요.

동해면 구학포에 난 대형 용각류 발자국

그렇다면 공룡 발자국이 찍힌 지층이 풍화·침식을 받지 않고 어떻게 지금까지 지표면에 그대로 보존될 수 있었을까요? 이것은 퇴적물 위에 찍힌 발자국이 암석으로 굳어지고 그 위에 덮였던 지층들이 바람이나 물에 의해 제거되기까지 약 1억 년의 시간이 흘렀기 때문이에요. 하지만 이렇게 드러난 발자국 화석도 오래 시간이 지나면 지금의 해안에서 사라져 버릴 거예요. 그렇다면 큰일이죠? 하지만 걱정하지 말아요. 밑에 덮여 있는 지층에서 또 다른 발자국이 나타날지도 모르니까요. 그래도 우리의 유산인 공룡 발자국을 보호해야 한다는 사실을 꼭 명심하세요.

히이면 덕멀리 해안에서 발견된 조각류 발자국

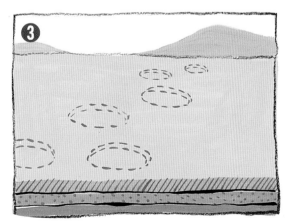

발자국이 있는 퇴적물에 다른 퇴적물이 쌓여 단단한 암석이 되면서 발자국도 단단해져요.

지층이 지각 운동으로 솟아오른 후에 침식되어 발자국이 다시 땅 표면에 드러나게 되지요.

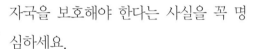

공룡이 하늘을 날았대

케짤코아틀루스
하늘을 날았던 파충류 중 가장 덩치가 컸어요. 날개폭이 12미터에 이르며, 주로 육지에서 생활했어요. 커다란 머리와 긴 목을 가지고 있으며 주둥이에는 이빨이 없어 주로 물고기를 잡아먹었을 거예요.

제2전시실을 빠져나오면 이제 중앙홀에서 중생대 아시아 지역에서 살았던 초식 공룡인 *클라멜리사우루스*와 육식 공룡인 *모놀로포사우루스*가 서로 대결하는 듯한 모습으로 여러분을 반길 거예요. 그리고 이 공룡들의 머리 위로는 하늘을 지배하였던 세 마리의 익룡이 날고 있지요.

중생대 육지에는 공룡이, 바다에는 **어룡**과 **수장룡** 무리가, 그리고 하늘에는 익룡들이 지구를 지배하고 있었어요. 최초의 익룡 화석은 1784년 독일의 졸른호펜에서 발견되었어요. 처음에는 공룡으로 분류했다가 1830년에 이르러서야 하늘을 나는 파충류로 분류했답니다. 그 당시만 해도 파충류가 하늘을 날 수 있다는 사실은 큰 사건이었거든요. 상상해 보세요. 몸길이가 10미터 이상 되는 거대한 파충류가 하늘을 나는 모습을요. 생각만 해도 놀랍지 않나요.

익룡은 *람포링쿠스* 무리와 *프테로닥틸루스* 무리의 두 종류로 나누어요. *람포링쿠스* 무리는 중생대 트라이아스기 후기에 출현하여 쥐라

어룡
쥐라기 시대 바다에 많이 살았으며 물고기 같은 몸과 긴 주둥이, 그리고 초승달 모양의 꼬리를 갖고 있던 파충류를 말해요.

수장룡
중생대에 물 속에 살던 파충류로, 짧은 원통형 몸에 노처럼 생긴 네 개의 지느러미를 갖고 있으며, 머리는 작고 긴 목을 가진 동물을 말해요.

26

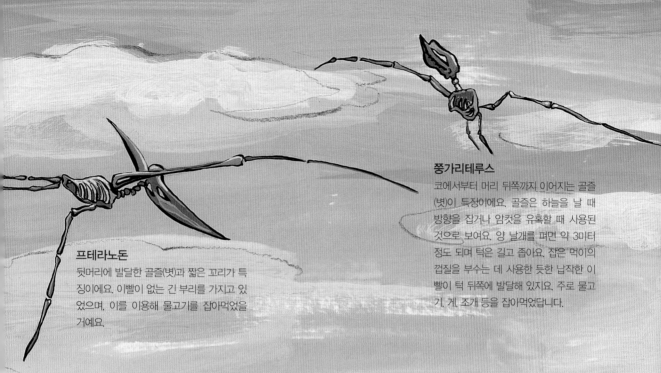

쭝가리테루스
코에서부터 머리 뒤쪽까지 이어지는 골즐(볏)이 특징이에요. 골즐은 하늘을 날 때 방향을 잡거나 암컷을 유혹할 때 사용된 것으로 보여요. 양 날개를 펴면 약 3미터 정도 되며 턱은 길고 좁아요. 잡은 먹이의 껍질을 부수는 데 사용한 듯한 납작한 이빨이 턱 뒤쪽에 발달해 있지요. 주로 물고기, 게, 조개 등을 잡아먹었답니다.

프테라노돈
뒷머리에 발달한 골즐(볏)과 짧은 꼬리가 특징이에요. 이빨이 없는 긴 부리를 가지고 있었으며, 이를 이용해 물고기를 잡아먹었을 거예요.

기 후기까지 하늘을 지배했답니다. 이들은 7개의 뼈로 이루어진 짧은 목을 가지고 있으며, 턱에는 10~20개의 이빨이 나 있지요. 이빨의 모양은 종류에 따라 달라요. 이는 먹이와 사냥 방식이 서로 달랐기 때문이지요. *람포링쿠스* 무리의 가장 큰 특징은 길게 발달한 꼬리랍니다. 긴 꼬리는 하늘을 날 때 방향을 바꾸는 역할을 했을 것으로 짐작되지요. 땅 위에서는 머리와 무게 균형을 맞추는 역할을 했을 것이고요. 주요 *람포링쿠스* 무리에는 *디모포돈*, *람포링쿠스*, *도리그나토스* 등이 있어요.

반면, *프테로닥틸루스* 무리가 처음 등장한 것은 쥐라기 후기예요. 따라서 이들 무리는 초기의 *람포링쿠스* 무리와 사는 곳을 놓고 치열한 경쟁을 했어요. 승자는 *프테로닥틸루스* 무리로 이들은 중생대가 끝날 때까지 하늘을 지배했지요. *람포링쿠스* 무리와 생존경쟁에서 승리한 *프테로닥틸루스* 무리는 초기 익룡에 비해 꼬리는 짧아지고, 머리와 목은 길어졌답니다. 이빨의 형태는 이빨이 없는 종이 나타나기 시작할 만큼 더욱 다양해졌어요. *프테로닥틸루스* 무리에는 *쭝가리테루스*, *케짤코아틀루스*, *프테라노돈*, *안항구에라* 등이 있지요.

중앙홀

땅도 공룡투성이야!

전 세계에서 가장 유명한 공룡 화석지를 꼽으라면 아시아를 꼽을 수 있어요. 특히, 공룡 발자국 화석지로는 우리나라가 대표적이에요. 그리고 공룡 골격(뼈) 화석지로는 중국과 몽골을 들 수 있지요. 중국과 몽골에서 발견되는 공룡의 뼈는 전 세계 대형 자연사 박물관에 전시되어 있을 만큼 유명해요. 중앙홀에 전시되어 있는 초식 공룡 *클라멜리사우루스*와 육식 공룡 *모놀로포사우루스* 역시 중국에서 발견된 공룡이에요. 중국의 우카이완이라 불리는 지층에서 함께 발견되었지요. 같은 지층에서 발견된 것으로 보아 같은 시대에 살았던 공룡들이라고 짐작하고 있답니다.

여기서 잠깐!

공룡의 친척 동물을 찾아라!

현재 지구에 살고 있는 동물들을 잘 살펴보면 공룡들의 행동 양식을 본 떠 살아가거나 공룡들의 신체적인 특성을 가지고 있는 것들이 있어요. 다음에서 공룡들의 먼 친척 동물을 찾아보세요.

1. 닭   2. 사슴   3. 호랑이

▶ 힌트 소화를 시키기 위해 일부러 모래를 삼키는 동물이 있어요.
녀석들의 몸을 해부해 보면 '모래집'이라고 불리는 기관이 나온답니다.

☞ 정답은 72쪽에

이 공룡들은 중앙홀에 복원해 놓은 것처럼 살기 위해 서로 싸움을 벌였을 거예요. 누가 승자이고 패자인지 알 수 없지만 한 가지는 알 수 있어요. *모놀로포사우루스*가 쉽게 *클라멜리사우루스*를 이길 수 없었을 거라는 사실 말이에요. 아무리 육식 공룡이라 할지라도 몸길이 17미터, 몸무게 20톤이 넘는 거대한 몸집을 가진 *클라멜리사우루스*를 쉽게 이기지는 못했을 테니까요.

이 외에도 중생대에는 덩치 큰 공룡들이 서로 힘겨루기를 하며 땅 위를 누비고 다녔답니다.

클라멜리사우루스

중생대 쥐라기에 중국 내륙에서 살았던 초식 공룡이지요. 북미에서 발견된 *브라키오사우루스*와는 친척 관계랍니다. 이 공룡은 큰 몸집과 긴 꼬리, 긴 목을 가진 전형적인 용각류의 모습을 하고 있어요. 특히 나무젓가락을 나란히 세워 놓은 듯한 긴 이빨 모양이 매우 인상적이에요. 이러한 이빨 형태는 나뭇잎을 씹을 수는 없고 단지 나뭇잎을 따먹기만 했을 것으로 짐작하지요.

모놀로포사우루스

*클라멜리사우루스*와 같은 시대, 같은 장소에 살던 육식 공룡이에요. 몸길이는 약 5~6미터에 이르고 몸무게는 700킬로그램 정도 되는 중간 크기의 육식 공룡이지요. *모놀로포사우루스*는 육식 공룡에서 보기 드문 볏을 가지고 있는 게 특징이에요. 이 볏 모양의 구조는 코에서 시작돼 머리까지 길게 이어져 있답니다.

이게 바로 볏이야!

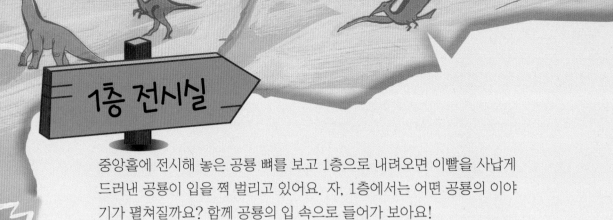

1층 전시실

중앙홀에 전시해 놓은 공룡 뼈를 보고 1층으로 내려오면 이빨을 사납게
드러낸 공룡이 입을 쩍 벌리고 있어요. 자, 1층에서는 어떤 공룡의 이야
기가 펼쳐질까요? 함께 공룡의 입 속으로 들어가 보아요!

제5전시실 - 과거의 흔적
고생대, 중생대, 신생대의 다양한 화석이
전시되어 있어요. 이 화석을 통해 과거의
흔적을 되짚어 보아요.

제4전시실 - 디노랜드
공룡은 얼마나 빠를까요? 공룡은 우리보다 얼
마나 클까요? 디노랜드에서 확인해 보아요.

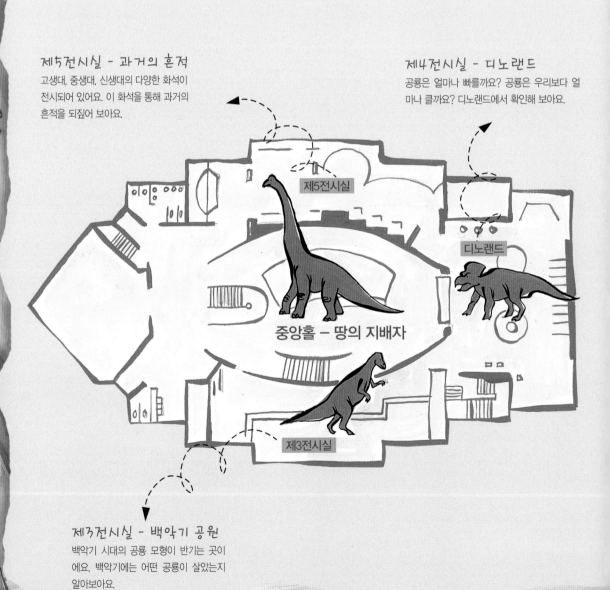

제5전시실

디노랜드

중앙홀 - 땅의 지배자

제3전시실

제3전시실 - 백악기 공원
백악기 시대의 공룡 모형이 반기는 곳이
에요. 백악기에는 어떤 공룡이 살았는지
알아보아요.

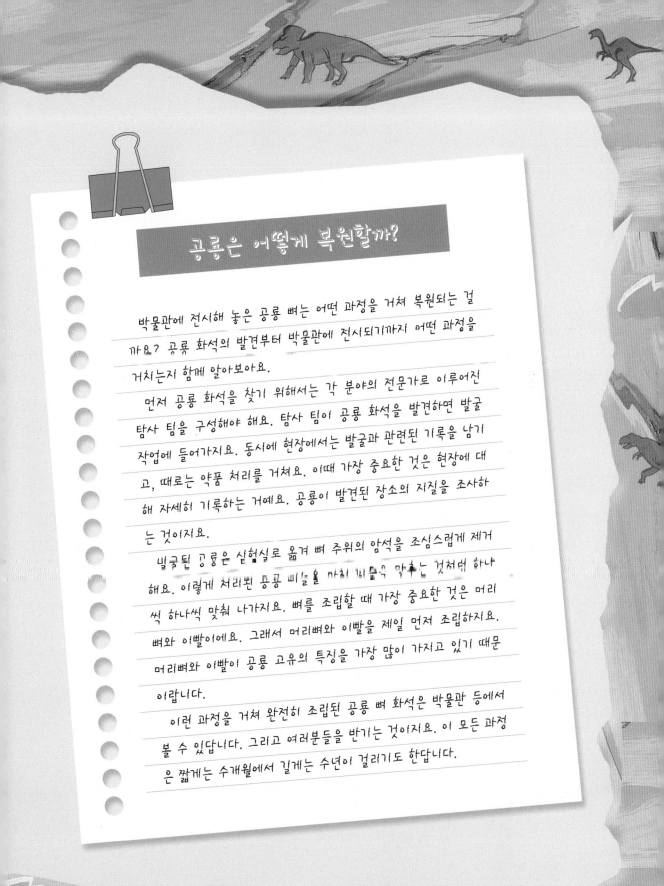

공룡은 어떻게 복원할까?

박물관에 전시해 놓은 공룡 뼈는 어떤 과정을 거쳐 복원되는 걸까요? 공룡 화석의 발견부터 박물관에 전시되기까지 어떤 과정을 거치는지 함께 알아보아요.

먼저 공룡 화석을 찾기 위해서는 각 분야의 전문가로 이루어진 탐사 팀을 구성해야 해요. 탐사 팀이 공룡 화석을 발견하면 발굴 작업에 들어가지요. 동시에 현장에서는 발굴과 관련된 기록을 남기고, 때로는 약품 처리를 거쳐요. 이때 가장 중요한 것은 현장에 대해 자세히 기록하는 거예요. 공룡이 발견된 장소의 지질을 조사하는 것이지요.

발굴된 공룡은 실험실로 옮겨 뼈 주위의 암석을 조심스럽게 제거해요. 이렇게 처리된 공룡 뼈들을 마치 퍼즐을 맞추는 것처럼 하나씩 하나씩 맞춰 나가지요. 뼈를 조립할 때 가장 중요한 것은 머리뼈와 이빨이에요. 그래서 머리뼈와 이빨을 제일 먼저 조립하지요. 머리뼈와 이빨이 공룡 고유의 특징을 가장 많이 가지고 있기 때문이랍니다.

이런 과정을 거쳐 완전히 조립된 공룡 뼈 화석은 박물관 등에서 볼 수 있답니다. 그리고 여러분들을 반기는 것이지요. 이 모든 과정은 짧게는 수개월에서 길게는 수년이 걸리기도 한답니다.

공룡들이 노니는 백악기 공원

자, 드디어 무시무시한 공룡의 입 속으로 들어왔나요? 이곳에는 백악기 공룡들의 모습을 그대로 꾸며 놓은 곳이에요. *트리케라톱스*를 공격하는 *드로마에오사우루스* 무리, 먹이를 먹고 있는 *안킬로사우루스*, 박치기 대결을 펼치는 *파키케팔로사우루스* 등을 통해 공룡의 행동과 먹이, 울음소리 같은 특징을 엿볼 수 있어요.

트리케라톱스
세 개의 뿔을 가진 초식 공룡으로 백악기 후기, 약 7천만 년 전 미국과 캐나다 등지에서 서식했던 공룡으로 주둥이의 앞부분에는 이빨이 없고 주로 나무 뿌리나 고구마와 같은 뿌리 열매를 먹었어요. 또한 대다수의 초식 공룡들처럼 무리 생활을 했어요. 목 뒤에 프릴이라고 하는 독특한 모양의 기관은 큰 뿔과 함께 육식 공룡으로부터 자신을 보호하는 방어 무기였답니다.

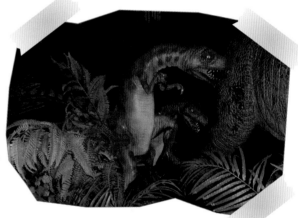

드로마에오사우루스
'빨리 뛰는 도마뱀'이라는 뜻의 이름을 가진 이 녀석은 백악기 후기 미국과 캐나다 지역에서 **트리케라톱스** 등과 함께 살았던 육식 공룡이에요. 몸길이는 1.8미터 정도로 작았지만 **트리케라톱스**와 같은 큰 초식 공룡들을 사냥했지요. 대다수의 소형 육식 공룡들처럼 무리를 지어 사냥했으며, 육식 공룡답게 날카로운 이빨과 발톱, 유연한 목, 튼튼한 턱 등을 가지고 있답니다.

여기서 잠깐!

잘못 나타난 공룡을 찾아라!

이곳은 백악기 시대 공룡들이 먹이를 찾아다니던 호숫가 수풀 속이에요. 많은 공룡들이 거닐고 있네요. 앗, 그런데 백악기 시대에 살지 않았던 공룡들이 섞여 있어요. 찾아서 동그라미해 보세요.

▶**힌트** 머리에서 꼬리까지 골판이 달려 있는 녀석으로 쥐라기에 살았답니다.

☞ 정답은 72쪽에

안킬로사우루스

트리케라톱스

우리나라는 백악기 시대의 공룡만 살았대

 그런데, 우리나라에는 백악기 시대 공룡만이 발견되고 있다는 사실 알고 있나요? 이웃 중국만 해도 쥐라기 시대의 공룡들이 많이 발견 되고 있지만 우리나라에서 발견되는 공룡 뼈, 공룡 알, 공룡 발자국 등은 모두 백악기 시대에 살았던 공룡의 것이랍니다. 그럼 왜 그럴까 요? 왜 중생대 트라이아스기나 쥐라기 시대의 공룡은 발견되지 않을 까요? 이유는 트라이아스기와 쥐라기 시대의 공룡이 살았던 땅이 우 리나라에는 남아 있지 않기 때문이랍니다.

파키케팔로사우루스
무섭다기보다 조금은 우습게 생긴 박치기 공룡이에요. 대머리 공룡처럼 생겼지요. 공룡이 사람처럼 머리가 빠진다면 아마 이 런 모습일지도 몰라요. 하지만 머리뼈는 보통 15~20센티미터 의 두께로 다른 공룡들의 머리뼈에 비해 약 10배 정도 두껍답 니다. 이 공룡의 머리뼈를 살펴보면 곳곳에 금이 갔다가 다시 붙은 상처의 흔적이 있어요. 자신의 영역이나 혹은 암컷 등을 차지하기 위해 박치기하는 과정에서 생겼을 것으로 짐작돼요.

안킬로사우루스
백악기 미국과 캐나다에서 살았던 초식 공룡이에요. 등에 난 골판은 모두 붙어 있으며, 꼬리 부분에는 큰 뼈가 공처럼 뭉 쳐 있지요. 이러한 형태는 자신의 몸을 적으로부터 보호하는 데 도움이 되었을 거예요. *안킬로사우루스*는 목이 잘 구부러 지지 않아 땅에서 낮게 자라는 나무나 풀만 먹었을 것으로 짐작하고 있답니다.

티라노사우루스

파키케팔로사우루스

투오지앙고사우루스

드로마에오사우루스

공룡은 어떻게 살았을까?

2억 3천만 년 전, 처음으로 지구 상에 공룡이 나타났을 때만 해도 공룡은 백악기 시대처럼 많지도 크지도 않았어요. 또한 지금처럼 모든 사람에게 사랑을 받을 거라고 생각하지도 못했을 거예요. 그런데, 왜 이렇게 공룡이 사랑을 받는 걸까요?

그건 아마도 지금 공룡이 살고 있지 않기 때문일 거예요. 더불어 우리가 공룡에 대해 아는 것보다 모르는 것이 더 많다는 사실도 한몫했을 거예요. 우리가 공룡에 대해 모르면 모를수록 그만큼 더 즐거운 상상을 펼칠 수 있을 테니까요. 하지만 지금까지 많은 학자들이 연구한 결과 공룡의 신비가 조금씩 풀리고 있답니다. 그럼 특별한 동물인 공룡이 어떻게 살았는지 살펴보아요.

🔍 공룡은 왜 그렇게 클까?

공룡 중 가장 길이가 긴 공룡, 가장 무거운 공룡, 가장 키가 큰 공룡 등의 공통점은 무엇일까요? 바로 초식 공룡 용각류라는 거예요. 용각류는 대체로 길고, 크고, 무겁지요. 그런데 왜 공룡들이 이렇게 클까요? 그것은 공룡이 살던 당시의 지구 환경과 공룡의 먹이와 관련이 있답니다. 그리고 공룡이 속한 파충류의 뼈와 포유류의 뼈가 다르기 때문이에요. 공룡의 뼈는 끝이 물렁하고 연했어요. 이러한 뼈는 계속 자라기 때문에 공룡은 죽을 때까지 계속 자랐던 거예요. 와, 클 수밖에 없었지요?

프로토케라톱스의 머리뼈
주둥이에 이빨이 없지만 부리처럼 생긴 주둥이로 풀을 잘라 먹었을 거예요.

티라노사우루스의 머리뼈
이 공룡의 이빨과 턱 모양은 왕도마뱀과 비슷해요. 그래서 식성이 육식성이라고 짐작하는 거예요.

무엇을 먹었을까?

그런데, 공룡은 무얼 먹었을까요? 동물은 먹이에 따라 초식 동물, 육식 동물, 잡식 동물로 나누어요. 공룡도 마찬가지랍니다. 공룡의 먹이만 알아내도 공룡의 생태에 대해 많은 것을 알 수 있답니다. 그렇다면, 이처럼 중요한 먹이에 대한 정보는 어떻게 알 수 있을까요? 공룡의 이빨 구조와 턱의 생김새, 몸의 전체적인 형태, 발톱 모양 등을 조사해 알아내지요. 특히, 이빨 모양은 공룡의 먹이 습성에 대해 많은 것을 말해 주지요. 공룡의 이빨 중 *알로사우루스*와 *티라노사우루스*의 이빨 모양은 왕도마뱀과 비슷해요. 그리고 *바리오닉스*

는 악어와 비슷한 이빨 모양을 하고 있어요. 이를 통해 이들이 육식성이라는 사실과 어떤 먹이를 먹었는지 알 수 있답니다. 현재 살고 있는 동물의 이빨 구조와 턱의 생김새를 연구해 공룡에게도 적용해서 공룡의 먹이 습성을 알아내는 거예요.

아파토사우루스의 이빨
사진처럼 길고 가는 이가 있어서 고사리나 나뭇잎을 먹었을 것으로 추측하고 있어요.

공룡 똥에 대한 연구

공룡의 똥 화석

이빨 모양 말고 다른 방법으로도 공룡이 무엇을 먹었는지 알 수 있답니다. 공룡 공룡의 위 속에서 마지막으로 먹은 음식의 잔해가 나오기도 해요.
이것으로도 공룡이 무엇을 먹었는지 알아내지요. 하지만 이런 증거보다 더 확실한 것이 있어요.
바로 공룡의 똥이에요. 똥 화석에는 공룡이 먹었던 음식물의 잔해가 남아 있어요. 초식 공룡의 것에는 식물의 잔해나 꽃가루나 열매 등이, 육식 공룡의 것에는 동물 뼈의 잔해가 남아 있지요. 하지만 똥 화석만 보고는 이게 누구의 배설물인지 알 수 없어요. 공룡의 뼈와 함께 발견된다면 정확히 알 수 있지만 함께 발견되는 일은 매우 드물거든요. 그래도 공룡 학자들은 계속 연구하지요. 다른 부분에서 어떤 단서를 얻을지도 모르니까요.

공룡은 알을 낳을까, 새끼를 낳을까?

새들은 알을 낳고, 개나 고양이들은 새끼를 낳아요. 그렇다면 공룡은 알을 낳았을까요, 새끼를 낳았을까요?

공룡의 알 화석이 많이 발견되는 것을 보면 공룡은 새처럼 둥지를 만들고 알을 낳았다는 사실을 알 수 있어요. 콤프소그나투스 같은 1미터도 채 되지 않는 작은 공룡에서부터 몸길이 40미터 이상 되는 *세이스모사우루스*에 이르기까지 모든 공룡은 새처럼 알을 낳았어요.

공룡 알은 공룡의 종류만큼이나 크기와 형태가 다양해요. 어떤 공룡 알은 탁구공처럼 동그랗고 작았지만 어떤 공룡 알은 길이가 45센티미터에 길쭉한 타원형이에요. 닭의 알이 6~7센티미터 정도인데 길이가 28미터나 되는 *브라키오사우루스*가 알을 낳으면 얼마나 클까요? 닭보다 무려 35배나 큰 공룡이 알을 낳았다면 적어도 알은 2미터 이상이라는 계산이 나와요. 와, 엄청 크죠. 하지만 실제로 알은 그렇게 크지 않답니다. 지금까지 발견된 알을 보더라도 가장 큰 알이 45센티미터 정도밖에 되지 않거든요.

여기서
잠깐!

공룡 알의 크기는 덩치에 비해 왜 작을까?

공룡은 덩치에 비해 작은 크기의 알을 낳았어요. 보통 20~30개 정도의 알을 낳았답니다. 여러 가지 이유로 공룡은 몸집에 비해 작은 알을 낳았지요. 어떤 이유였을까요? 다음의 이유를 보고 아닌 것을 찾아보세요.

❶ 알을 작게 낳은 것은 산소 때문이야. 알이 크면 알 껍질이 두꺼워져서 산소가 공급되지 않거든!

❷ 알 껍질이 두꺼우면 깨기가 어렵잖아! 알이 크면 껍질이 두꺼워지는데, 그걸 힘이 약한 내가 어떻게 깨고 나오겠어, 그래서 알을 작게 낳는 거야.

❸ 알이 크면 알을 좋아하는 다른 공룡들에게도 쉽게 들키잖아. 오~생각만 해도 끔찍해!

❹ 작은 게 귀엽잖아. 너무 크면 누가 귀여워하겠어. 그래서 일부러 작게 낳는 거야.

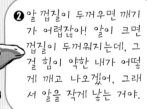

☞ 정답은 72쪽에

공룡들의 기네스북!

공룡하면 뭐가 떠오르나요? 여러 가지 대답들이 나오겠지만 일반적으로 "크다, 무섭다." 라고 답하는 사람들이 많을 거예요. 하지만 모두 틀렸답니다. 큰 공룡도 있지만 아주 작은 공룡도 있거든요. 그리고 난폭한 공룡도 있었지만 새끼를 끔찍히 사랑한 착한 공룡들도 있었답니다.

우리가 알고 있는 것처럼 모든 공룡이 크지는 않았어요. 대체로 코끼리보다 길이나 몸집이 작은 공룡이 훨씬 많았지요. 그렇다면 가장 큰 공룡은 무엇일까요? 세이스모사우루스? 브라키오사우루스? 아르헨티노사우루스? 음, 모두 정답이에요. 왜냐하면 "크다."는 단어는 과학적이지 못한 단어이기 때문이에요.

"크다."는 말은 길이가 길다, 키가 크다, 몸집이 크다(무겁다.) 등의 여러 가지 의미를 모두 가지고 있기 때문이에요. 따라서 "가장 길이가 긴 공룡은 무엇인가요?" "또는 가장 키가 큰 공룡은요?" 아니면 "가장 무거운 공룡은 무엇인가요?" 이렇게 묻는 것이 더 정확한 표현이랍니다. 자, 그럼 공룡의 최고 기록이 무엇인지 볼까요?

- 가장 몸길이가 긴 공룡 : 초식 공룡 *세이스모사우루스* 45미터
- 가장 키가 큰 공룡 : 초식 공룡 *브라키오사우루스* 12미터
- 가장 무거운 공룡 : 초식 공룡 *아르헨티노사우루스* 100톤

- 가장 작은 공룡 : 육식 공룡 *미크로랩터* 40센티미터
- 가장 큰 알 : 육식 공룡 *테리지노사우루스*의 알 45센티미터
- 가장 작은 알 : *무스사우루스*의 알 5센티미터

알록달록 화려한 공룡들

동물들은 생김새만큼이나 피부색도 다양해요. 그렇다면 공룡의 피부색은 무슨 색일까요? 악어처럼 검정, 카멜레온과 같은 초록, 아니면 어떤 뱀처럼 빨강이었을까요? 답은 알 수 없답니다. 피부색이 그대로 드러난 화석이 남아 있지 않기 때문이지요.

물론 공룡의 피부 조직이 미라 같은 상태로 발견되는 경우도 있어요. 이들 피부 화석은 공룡 피부에 대해 많은 사실을 알게 해 주지요. 학자들은 이러한 피부 화석을 통해 공룡도 파충류처럼 질기고 단단한 피부를 가졌다는 사실을 알아냈어요. 하지만 이것으로 공룡의 피부색이 어떠했는지 알 수는 없어요. 학자들은 공룡이 지금의 다른 동물들처럼 아주 다양한 피부색을 지녔을 것이라고 짐작할 뿐이에요. 동물들에게는 피부색이 곧 생존 무기이기 때문이지요.

초식 공룡은 육식 공룡들로부터 자신을 보호하기 위해 위장하는 피부색을 가졌을 거예요. 예를 들면, *이구아노돈*과 같은 중간 크기의 공룡은 많은 시간을 작은 고사리류나

키 작은 나뭇잎을 뜯어먹느라 정신이 없었을 거예요. 그래서 초록과 노랑이 섞인 피부색을 가졌겠지요. 태양빛을 받아 반사시키는 식물들 사이에서 적에게 잘 안 보이려면 초록과 노랑이 섞인 피부색을 갖는 게 좋거든요. 만약 초식 공룡이 빨강이나 파랑의 피부색을 지녔다면 육식 공룡의 눈에 쉽게 띄었겠지요?

하지만 육식 공룡은 조금 달랐을 거예요. 아마도 이들은 적을 공격하거나 적으로부터 자신을 방어하기 위해, 혹은 동료들끼리 서식지나 암컷을 놓고 경쟁하기 위한 도구로 쓰기 위해 다양한 피부색을 가졌을 거예요. 그래서 육식 공룡의 피부색은 지금의 새나 파충류와 비슷했을 것으로 보고 있어요. 이처럼 우리는 공룡의 피부색이 어땠는지는 그저 추측할 뿐이랍니다. 과연 공룡은 어떤 피부색을 가졌을까요?

공룡은 왜 지구에서 사라졌을까?

백악기 말, 그렇게 많이 살았던 공룡들은 갑자기 지구 상에서 모두 사라져 버렸어요.
공룡들은 무려 1억 6천만 년 동안 지구 상에 번성했는데, 어떻게 단 한 마리도 남지 않고

운석 충돌설
백악기 말 지구에 떨어진 운석 때문에 공룡이 멸종했다고 짐작하기도 해요. 지름 10킬로미터쯤 되는 운석이 시속 7만 2천킬로미터의 속도로 지구와 충돌한 것으로 보고 있어요. 이 힘은 수소 폭탄 170개를 한꺼번에 터트린 것과 같은 엄청난 파괴력이지요.

해수면 저하설
백악기 말에 바닷물의 높이가 내려가서 얕은 바다는 육지가 되었다는 것이 밝혀졌어요. 지질 시대의 바닷물의 높이와 생물과의 관계를 알아본 결과에 따르면, 바닷물의 높이가 내려가면 생물이 멸종하고, 올라가면 다양한 생물이 번성했음이 밝혀졌지요.

한파설
그때 지구의 날씨가 심하게 변했어. 지구 전체의 기온이 뚝 떨어져 우린 얼어 죽었지!

2천 6백만 년 주기설
2천 6백만 년 마다 지구 밖에서 운석이 쏟아져서 우린 멸종할 수밖에 없었어.

알칼로이드 중독설
새로 출현한 식물 중에는 알칼로이드라는 유독 물질이 들어 있는 것이 많았어. 우린 이걸 먹고 죽은 거야.

모두 사라져 버렸을까요? 지금으로부터 6천 5백만 년 전 지구 상에는 도대체 어떤 일이 일어난 걸까요? 영원히 존재할 것만 같았던 공룡이 왜 그렇게 사라졌는지, 공룡의 멸종이 있었던 사건의 현장으로 돌아가 그 수수께끼를 풀어 보아요.

화산 폭발설
백악기 말에 전 세계적으로 일어났던 화산 활동 때문에 공룡이 멸종했다고도 해요. 백악기 말의 화산 활동은 엄청난 양의 가스와 수증기, 그리고 화산재를 만들어 생태계를 파괴시켰지요. 이 결과 공룡과 더불어 많은 생물들이 멸종에 이르게 됐다고 보고 있답니다.

종합설
폴란드의 고생물학자 호프만은 공룡이 멸종한 이유를 여러 가지 복합적 요인들의 작용이라고 주장했어요. 대규모의 화산 폭발, 추워진 날씨, 바닷물 높이의 변화, 거대한 운석 충돌, 해양 지각의 변화 등이 모두 원인이라는 것이에요.

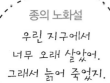

종의 노화설
우리 지구에서 너무 오래 살았어. 그래서 늙어 죽었지.

암 유발설
우주에서 별이 폭발할 때 뿜어내는 중성자가 우리의 DNA에 영향을 주어 암에 걸렸지. 우리 모두 암에 걸려 죽었다고.

알 도난설
포유류가 우리의 알을 모두 먹어 버려서 우리 살아남지 못했어.

방귀설
윽! 냄새! 우리가 뀐 방귀 때문에 온실 효과가 나타나서 결국 멸종하게 되었지.

공룡과 만나는 신나는 놀이터

지금까지 공룡과 많은 이야기들을 나누었나요? 그럼, 이곳에서 잠시 쉬어 가세요. 제4전시실 디노랜드에서는 보고 듣고 만지는 체험을 통해서 공룡을 만나볼 수 있답니다.

공룡과 키재기해요

거대한 용각류는 얼마나 컸을까요? 용각류 공룡의 앞다리 뼈와 자신의 키를 비교해 보세요. 용각류는 목이 길고 몸집이 커다란 초식 공룡이에요. 전체 공룡 중에서 가장 몸집이 커다란 공룡인만큼 모든 골격의 크기도 크지요. 용각류의 앞다리인 윗팔 뼈(상완골)와 아래팔 뼈(요골과 척골)를 관찰해 보세요.

공룡과 달리기해요

영차! 영차! 아무리 뛰어도 순위 안에 들기 힘들죠. 하지만 너무 실망하지 마세요. 여러분보다 빠른 공룡들이 있는 반면, 느린 공룡들도 많답니다. *브라키오사우루스, 디플로도쿠스, 클라멜리사우루스*처럼 몸집이 크고 다리가 짧은 용각류 공룡들은 빨리 달리지 못했어요. 반면, *오르니토미무스*와 같은 육식 공룡들은 길고 날씬한 뒷다리를 가지고 있어 아주 빨리 달릴 수 있었어요.

속도를 비교해 볼까!

구 분	속도(시속)
치타	100km/h
타조	65~70km/h
갈리미무스	45~60km/h
벨로키랩터	40km/h
사람(100m를 12초에 달리는 사람)	30km/h
트리케라톱스	25km/h
티라노사우루스	15~20km/h
슈노사우루스	12~17km/h
스테고사우루스	6~8km/h
안킬로사우루스	6~8km/h
브라키오사우루스	4~5km/h

공룡 퍼즐을 맞춰 보세요

공룡과 달리기를 해 보았나요? 그러면 다음에는 공룡 퍼즐을 맞춰 보세요. *티라노사우루스*가 여러분을 향해 달려 오는 그림의 퍼즐이 있어요. 퍼즐을 맞추는 동안 *티라노사우루스*의 모습이 자세하게 기억될 거예요.

뼈를 자세히 살펴보아요

공룡 뼈는 어떤 모양일까요? 돋보기를 눌러가며 자세히 들여다보세요. 지세히 보이지 않던 뼈들이 돋보기가 위로 올라가면 크게 확대되어 보인답니다. 공룡 학자가 된 기분으로 뼈를 꼼꼼히 살펴보세요.

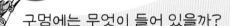

여기서 **잠깐!**

구멍에는 무엇이 들어 있을까?

오른쪽 사진은 지층 이야기 방이에요. 그 안에는 무엇이 들어 있을까요? 시대가 다른 다양한 화석들이 지층 내에서 쉬고 있답니다. 어떤 시대의 화석들이 있는지 살펴보세요.

모사사우루스의 이빨
중생대 백악기 바다의 지배자였던 모사사우루스는 몸길이 10미터에 이르는 거대 해양 파충류예요. 녀석의 이빨은 톱니 구조가 아니며, 고깔 모양이었어요.

상어 이빨
상어는 뼈가 연약한 연골 어류이기에 단단한 경골 어류보다 화석으로 잘 남을 수 없었어요. 대신 단단한 상아질로 이루어진 상어이빨 화석은 많이 남아 있답니다.

고래 이빨
고래는 이빨이 있는 종류와 없는 종류로 나누어요. 이빨이 있는 고래가 남긴 이빨 화석이에요.

☞ 정답은 72쪽에

화석이 되기는 어려워!

6천 5백만 년 전, 공룡을 포함한 많은 생물이 지구 상에서 갑자기 사라져 버렸어요. 그렇게 사라지기 전의 하늘과 땅, 그리고 바다에는 어떤 동물들이 살고 있었을까요? 시간이 지나면서 그 생물들은 어떻게 변했을까요?

오랜 시간이 흘렀지만 우리는 이 모든 걸 남아 있는 자료를 통해 추측해 낸답니다. 비록 그 시대에 글은 없었지만 그때의 사실을 기록해 놓은 자료가 남아 있기 때문이지요. 그게 무엇이냐고요? 바로 화석이에요. 화석은 우리가 알지 못하는 오랜 과거를 기록하고 있는 교과서랍니다. 화석을 연구해 보면 인간이 살기 훨씬 이전, 지금은 볼 수 없는 생물들이 살았었다는 옛날을 알 수 있거든요.

하지만 당시 살았던 모든 생물들이 다 화석으로 남은 것은 아니에요. 화석으로 남으려면 화석이 될 수 있는 조건이 충족되어야 하거든요. 완전히 썩어버리기 전에 아래의 그림처럼 화석으로 되는 과정을

화석
옛날에 살았던 생물의 유해나 흔적이 암석에 보존되어 나타나는 것을 말해요.

공룡 화석은 어떻게 만들어질까?

죽은 동물이나 식물이 호수 바닥의 흙 속에 묻혀요.

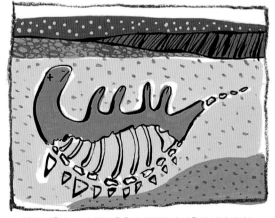

그 위에 진흙과 모래 등이 층층이 쌓이면서 지층이 단단해져요.

거쳐야 한다는 뜻이지요. 그러니까 화석이 되어 현재에 살고 있는 우리 눈에 발견된다는 것은 아주 운이 좋은 경우라고 할 수 있겠지요? 그럼 어떤 것들이 화석으로 남았는지 알아볼까요?

여기서
잠깐!

무엇이 화석으로 남았을까?

화석은 생물체들이 남겨 놓은 흔적을 말해요. 생명이 없는 것이 만들어 놓은 흔적은 화석이라고 하지 않는답니다. 그렇다면 다음에서 화석에 끼지 못하는 녀석은 누구일까요?

가짜 화석도 있대!

암석에 남아 있다고 모두 화석은 아니에요. 우리가 화석이라고 하는 것은 생물체가 만들어 놓은 것을 말한답니다. 그런데, 암석을 보면 나뭇가지와 비슷한 모양이 때때로 발견되지요. 이걸 보고 사람들이 식물 화석으로 잘못 인식하지만 이것은 암석의 빈 틈을 따라 들어온 광물질(수산화 망간, 산화철 등)이 가라앉아 생긴 무늬일 뿐이랍니다. 이런 걸 '덴드라이트(모수석)'라고 한답니다. 화석의 유사품에 주의하세요!

나는 고사리야! 나도 죽어서 화석을 남겼어! ❶

나는 공룡 알! 나도 죽어서 화석을 남겼지. ❷

나는 마그마! 내가 움직인 자국이 화석으로 남았어. ❸

나는 발자국! 공룡이란 녀석이 남긴 흔적이지. ❹

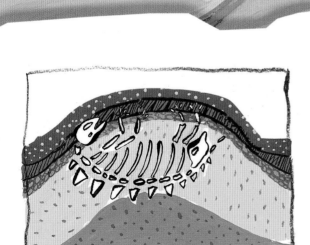

오랜 시간이 지나면서 단단한 지층이 땅 위로 솟아올라요.

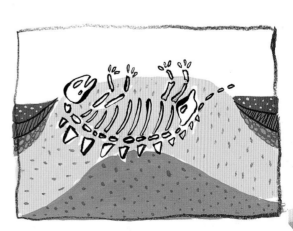

바람이나 물이 지층을 깎아서 화석이 드러나지요.

무엇이 화석으로 남았을까?

화석의 매력은 정말 대단하지요? 46억 년이라는 엄청난 시간의 기록들을 담은 채 과거를 알려 주니 말이에요. 자, 그럼 어떤 것들이 화석으로 남아 있을까요? 화석은 그 안에 담겨 있는 내용에 따라 크게 두 종류로 나누어요. 화석을 포함하는 암석(지층)의 시대를 알 수 있게 하는 표준 화석과 화석이 만들어질 당시의 환경을 알려 주는 시상화석이에요. 각각의 성격이 어떠한지 살펴볼까요?

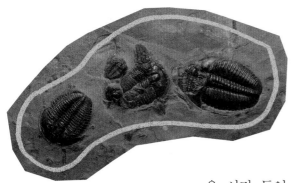

표준 화석의 대표, 삼엽충
고생대 바다에서 살았던 생물이에요. 공룡보다 약 3억 년 빠른 고생대 초에 지구 상에 출현했어요. 공룡이 나타나기 전에 이미 멸종한 생물이에요. 삼엽충은 곤충처럼 머리, 가슴, 꼬리 세 부분으로 나눌 수 있어요.

표준 화석이 뭘까요?

표준 화석은 매우 넓은 지역에 걸쳐 짧은 시간 동안 살았으며, 모양이 뚜렷한 생물의 흔적이 남아 있는 것을 말해요. 따라서 표준 화석은 그 시대를 대표하는 화석이라고 할 수 있어요. 예를 들면, 고생대는 삼엽

여러 가지 화석들

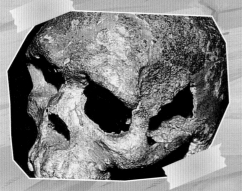

네안데르탈인 화석
약 10만 년 전에 살았던 인류의 화석이에요. 1848년 유럽 이베리아 반도의 서남쪽에 있는 지브롤터에서 처음 발견되었어요.

거북 알 화석
거북 알이 부화되지 못한 채 화석으로 남은 거예요.

충, 중생대는 공룡·익룡·암모나이트, 신생대는 맘모스와 **검치호**가 대표적인 표준 화석이에요. 우리가 어떤 지역에 놀러 갔을 때 공룡 화석을 발견했다면, 그 암석(지층)은 연대 측정을 해 보지 않아도 중생대라는 사실을 알 수 있는 것이랍니다.

시상화석이 뭘까요?

이들은 표준 화석과 달리 매우 좁은 지역에 오랜 시간 동안 살았던 생물의 화석이에요. 산에 놀러 가서 산호 화석을 발견했다면, 현재의 환경은 산이지만 과거의 환경은 산호가 살았던 바다였음을 알 수 있어요. 또한 산호는 얕고 따뜻한 바다에 살고 있기에 당시의 환경 역시 얕고 따뜻한 바다였다는 걸 알 수 있지요. 반면, 고사리 화석을 발견했다면 그 지역의 환경은 육지이고 온난하며 **습윤**한 기후였음을 알 수 있지요.

시상화석의 대표, 고사리
오늘날의 고사리와 유사하지만 고생대의 고사리류는 10미터 이상으로 크게 자랐어요. 고생대 석탄기에 크게 번성해서 이 시기를 '고사리의 시대'라고 부르기도 한답니다. 이러한 고사리는 온난하고 습한 육지 환경에서 자랐어요.

🐾 **검치호**
고양이과의 화석 동물로, 사자만 한 크기에 송곳니가 특징이며 북아메리카의 남부에 살았어요.

🕊 **습윤**
습기가 많은 것은 말해요.

호박 속 곤충 화석
나무의 진이 단단하게 굳은 호박 속에 모기가 갇혀서 화석이 된 거예요.

암모나이트 화석
중생대 바다에 살았던 암모나이트의 화석이에요. 현재까지 약 1만여 종 이상이 알려져 있으며, 크기는 수 센티미터에서 2미터까지 다양하답니다.

공룡 알도 화석이 되었대!

공룡은 파충류에 속한다고 했어요. 그럼, 당연히 공룡은 알을 낳았겠지요. 맞아요, 공룡도 알을 낳았어요. 엄마 공룡은 알을 낳기 위해 보금자리를 만들고 알을 낳은 후에는 일정 기간 동안 돌보았지요. 어떻게 알 수 있냐고요? 공룡 알도 화석으로 남아 있기 때문이랍니다. 공룡 알 화석도 발자국 화석처럼 흔적만 남아 있지요. 알 화석 역시 공룡의 생태를 보여 주는 중요한 자료랍니다.

공룡은 그 종류마다 알의 모양이 다양했어요. 육식 공룡의 알은 기다란 모양이고, 목이 긴 공룡인 용각류의 알은 동그란 모양이에요. 발자국 화석처럼 알 화석 역시 그것만 가지고는 공룡의 종류를 알아낼 수는 없어요. 다만 알 둥지와 함께 엄마 공

공룡 알 화석들을 살펴보아요

수각류의 알 화석
육식 공룡인 수각류의 알은 대체로 긴 모양이에요. 알 껍질은 주로 검정과 회색이며 간혹 밝은 갈색도 있어요. 지금까지 발견된 화석으로 추측해 보면 수각류는 초식 공룡보다 알을 적게 낳았어요. 예를 들어, **오비랩타**는 약 22개와 알을 낳았지요.

용각류의 알 화석
용각류의 알은 몸집에 비하면 크기가 그리 크지는 않아요. 모양은 축구공처럼 둥글며, 알의 색깔은 대체로 우윳빛을 띠지만 가끔은 분홍이나 갈색이 엷게 드리워진 것도 있답니다.

조각류의 알 화석
조각류는 덩치가 너무 커서 알을 품지는 못했답니다. 대신 둥지 꼭대기에 얕게 구멍을 판 다음 식물 등을 깔아 따뜻하게 만든 후 알을 낳았지요.

룡 화석이 발견되기도 하고, 태어나기 전의 새끼 공룡이 알 속에 남아 있어서 어떤 공룡의 알인지 알아낸 거예요.

공룡마다 낳는 알의 개수는 달랐답니다. 그리고 공룡은 새처럼 자기의 둥지를 만들어서 새끼를 보살폈어요. 하지만 새보다는 알을 많이 낳았답니다. 중생대 백악기에 살았던 프로토케라톱스는 적게는 12개에서 많게는 30개의 알을 낳았어요. 또한, 공룡마다 알 껍질의 무늬가 달랐어요. 알 껍질을 분석해 보면, 알 껍질에 있는 직은 구멍들의 모양과 배열이 공룡의 종류마다 다르게 나타난답니다.

공룡의 알 껍질은 왜 단단할까?

공룡 알은 다른 파충류나 새의 알과는 달리 껍질 표면에 여러 가지 무늬가 있었어요. 어떻게 알 수 있냐고요? 현재까지 발견된 공룡 알 화석을 살펴보면 그 특징을 알 수 있답니다. 공룡 알의 표면은 새 알처럼 매끄럽지 않고 거칠답니다. 그 이유는 뭘까요? 이는 알의 숨구멍이 흙 등에 덮이는 것을 막고, 산소가 쉽게 들어갈 수 있도록 도와주는 역할을 한 것으로 짐작하고 있지요.

이것은 육식 공룡 수각류의 알이에요.

이것은 육식 공룡 오비랩터류의 알이에요.

이것은 목이 긴 초식 공룡 용각류의 알이에요.

화석은 왜 중요할까요?

옛날 지구에는 많은 생물이 살다가 사라지고 또 나타나기도 했어요. 그런데 그 중 극히 일부만이 화석으로 남았지요. 이렇게 남은 화석은 인간이 살기 이전의 과거를 알려 주는 안내자라고 할 수 있어요. 생물이 변화한 발자취를 화석을 통해서 더듬어 볼 때, 과학적인 사실 이 외에 수많은 생물 속에서 우리의 위치와 우리가 다가올 미래에 무엇을 해

박물관 안에 만들어 놓은 화석 발굴 현장 모형 모습

야 하는지 느낄 수 있으니까요. 그럼, 화석은 우리에게 어떤 사실을 알려 줄까요?

생물의 발달 과정을 알게 해 줘요

생물은 시대와 환경에 따라 조금씩 변화해요. 시간이 흐르면서 생물체가 가지고 있는 기관이나 외부 모양과 구조도 함께 변하게 되지요. 화석을 통해 이러한 생물의 발달 과정을 알

화석을 발굴해 볼까요?

화석을 발굴하려면 많은 준비 기간이 필요해요. 많은 사람이 각자 맡은 역할에 따라 발굴을 진행하지요. 발굴 기간은 짧게는 수개월에서 길게는 몇 년 이상의 시간이 걸리기도 해요. 그럼 어떤 과정을 거쳐 이뤄지는지 자세히 알아보아요.

1. 공룡 화석 발굴을 위한 팀을 구성해요.

2 공룡 화석이 나올 만한 지층을 조사해요.

3. 공룡 화석이 발견되면, 발견된 지역을 중심으로 꼼꼼히 조사해요.

4. 발견된 화석은 삽, 해머, 끌 등의 도구를 이용해 파 내기 시작해요.

5. 발굴 지역의 전체적인 모습과 발굴 진행 모습을 사진이나 그림으로 기록해요.

수 있답니다.

지층의 나이를 알게 해 줘요

몇몇 생물은 어느 특정 시대에만 살았던 것으로 알려져 있어요. 고생대의 삼엽충, 중생대의 암모나이트나 공룡처럼 어떤 특정 시기에만 지구의 넓은 지역에 살았던 화석을 통해 지층의 나이를 짐작할 수 있답니다.

옛 환경을 알려 줘요

생물은 특정한 장소와 환경에서만 살아요. 예를 들면, 매머드는 추운 곳에서만 생활하였고, 산호는 얕고 따뜻한 바다에서만 살았지요. 그 밖의 지역에서 발견되는 일은 없답니다. 따라서 이들 화석을 이용하면 과거의 환경을 짐작할 수 있지요.

지하자원을 찾을 수 있어요

현재 우리가 이용하는 석탄이나 석유, 천연가스와 같은 에너지 자원은 많은 양의 죽은 생물체가 쌓여서 생긴 것이에요. 화석은 우리에게 지하자원으로도 훌륭한 역할을 다하고 있답니다.

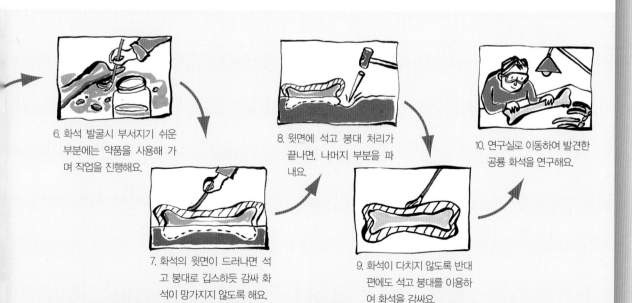

6. 화석 발굴시 부서지기 쉬운 부분에는 약품을 사용해 가며 작업을 진행해요.

7. 화석의 윗면이 드러나면 석고 붕대로 깁스하듯 감싸 화석이 망가지지 않도록 해요.

8. 윗면에 석고 붕대 처리가 끝나면, 나머지 부분을 파내요.

9. 화석이 다치지 않도록 반대편에도 석고 붕대를 이용하여 화석을 감싸요.

10. 연구실로 이동하여 발견한 공룡 화석을 연구해요.

공룡 공원과 발자국 화석지

공룡박물관에서 공룡이 들려주는 이야기를 모두 들었나요?

그럼, 이제 야외로 나가 잘 꾸며 놓은 공룡 공원과 발자국 화석지를 둘러 보아요.

공룡 공원에는 영화 〈쥐라기 공원〉에서처럼 숲 속 전체에 육식 공룡과 초식 공룡들이 숨어 있어요. 이곳 공룡 공원에서는 오랜 시간 잠들어 있던 공룡들이 깨어나 여러분의 재미있는 친구가 된답니다.

여러분들도 공룡과 친구가 되어 공룡 미로, 공룡 놀이터에서 놀아 보세요. 그리고 바닷가에서 공룡들이 남겨 놓은 발자국도 찾아보세요.

한반도의 공룡

중생대(약 2억 5천만 년 전 ~ 6천 5백만 년 전) 한반도는 공룡의 천국이었어요. 한반도에서 공룡 발자국 화석이 많이 발견되고 있거든요. 그럼, 한반도에는 어떤 공룡들이 살았는지 알아볼까요?

목 긴 공룡 용각류

1973년 경상북도 의성에서 용각류의 뼈 일부가 처음으로 발견되었어요. 2000년에는 경남 하동에서 용각류의 뼈가 발견되어 부경사우루스라는 이름을 붙였어요. 그리고 용각류의 발자국은 경남 고성 덕명리에서 처음으로 발견되었지요. 또한 고성에서는 139개의 용각류 발자국이 걸어간 모양으로 발견됐지요. 특이하게도 이곳 덕명리 해안은 세계의 다른 용각류 발자국 화석지와 달리 45센티미터보다 작은 어린 용각류의 발자국이 많이 발견되었답니다.

육식 공룡 수각류

지금까지 발견된 수각류 화석은 이빨 넉 개외 앞 발톱 한 개가 전부예요. 이것만으로는 한반도에 어떤 육식 공룡이 살았는지 추정하기 어렵지요. 수각류의 발자국은 경남 고성과 전남 화순 일대에서 발견되고 있답니다.

초식 공룡 조각류

2004년 어린 하드로사우루스류(오리주둥이 공룡)에 속하는 공룡의 뼈가 전남 보성에서 발견되었어요. 우리나라에서 처음으로 발견된 조각류의 뼈이고 보존 상태도 매우 좋답니다. 조각류의 발자국은 우리나라 전체 공룡발자국 중 80%를 차지할 만큼 많이 발견되고 있답니다.

공룡과 함께 신나게 놀아요

자, 여기서부터는 실제 모양의 공룡들이 여러분을 반기고 있어요. 어떤 공룡들이 여러분을 기다리고 있는지 차근차근 찾아보아요. 공룡 발자국이 찍혀 있는 곳을 지나 공룡 공원 문을 들어서면 공룡 뼈 터널이 나온답니다.

1. 쿵쿵쿵 걸어서 공룡과 만나요!
공룡 공원 입구를 볼까요? 공룡과 사람이 함께 벽을 뚫고 지나갔네요. 바닥을 살펴보세요. 공룡들이 발자국을 남기고 공룡 공원으로 들어갔어요. 여러분도 발자국을 따라가며 공룡 공원으로 쿵쿵쿵 걸어 들어가서 공원에 숨어 있는 공룡들을 찾아보세요. 공룡 뼈를 배경으로 기념 사진도 한 장 찰칵!

2. 미로 공원을 탈출하라!
공룡 뼈 터널을 지나오면 중간중간 공룡들이 버티고 서 있는 미로 공원이 나와요. 반원 모양으로 꾸며진 미로를 어떻게 빠져나갈까요? 친구나 가족과 함께 도전해 보세요. 사이사이 어떤 공룡들이 숨어 있는지도 알아보세요.

54

이곳에서 사진을 한 장 찍고, 좀 더 내려가면 공룡들이 숨어 있는 미로가 나와요. 무사히 미로를 빠져나오면 이번에는 오르락내리락 놀이터가 여러분을 기다리지요. 이곳도 무사히 지나가야겠지요? 좀 더 아래로 내려가면 공룡과 사람이 만나 어우러진 디노매니아가 나타납니다. 디노매니아를 지나면 공룡들이 열심히 바닷가를 향해 이동하는 모습이 보여요. 자, 공룡들과 함께 바닷가로 가 보아요.

> **3. 오르락내리락 놀이터**
> 미로에서 무사히 빠져나왔다면 이제는 오르락 놀이터와 내리락 놀이티에서 모험을 즐겨 보세요. 그물타기, 출링다리건너기, 매달리기와 같은 재미있는 활동이 기다리고 있답니다. 이곳에서는 어떤 공룡이 여러분을 기다리고 있나요?

> **5. 공룡 대이동**
> 앗! 여기에서는 공룡들이 어딘가로 가고 있어요. 우리도 빨리 공룡을 따라가 보아요. 공룡들을 따라가면 바닷가에서 녀석들이 남겨 놓은 발자국을 만날 수 있답니다.

> **4. 디노매니아**
> 이곳에는 우리가 너무 잘 아는 공룡의 모형이 있어요. 누구냐고요? 바로 *트리케라톱스*예요. 한번 찾아보세요.

바닷가에서 만나는 공룡 발자국

공룡 공원을 무사히 빠져나왔나요? 이제 진짜 공룡 발자국을 만나러 가 보아요. 길을 따라 내려가면 바위로 된 바닷가가 나타나요. 이 바위들에 진짜 공룡 발자국이 찍혀 있답니다. 1억 년이 지난 발자국이 그대로 남아 있다니 신기하지요?

고성군의 공룡 발자국 화석은 세계적으로도 매우 유명한 곳이에요. 다양한 발자국 화석이 많이 발견되었거든요. 발견된 발자국은 대부분 해안 지역에 모여 있답니다. 그 이유는 바닷물과 바람 등에 의해 해안가가 많이 깎여 있기 때문이지요. 이곳에서 발견되는 발자국은 크기가 정말 다양해요. 초식 공룡 용각류의 경우, 뒷발의 크기가 9센티미터밖에 되지 않는 것에서부터 110센티미터에 이르는 것까지 발견되었지요.

고성에서 공룡 발자국이 가장 많이 발견된 곳은 하이면 덕명리 해안이에요. 제전마을에서 실바

고성의 공룡 발자국
그림에서처럼 고성에서는 공룡 발자국을 많이 볼 수 있어요. 화살표가 있는 부분에 공룡박물관이 있답니다.

위까지 6킬로미터에 걸친 해안 절벽에서 110미터 정도 두꺼운 지층이 있어요. 그 지층에서는 발자국이 남아 있는 지층면이 무려 329개나 발견되었어요.

1억 년 전, 퇴적물이 계속 쌓이는 호숫가에 공룡 무리가 지나가면서 발자국을 남겼어요. 그리고 다시 퇴적물이 쌓인 후 그 위를 다른

공룡들이 지나가면서 발자국을 남겼지요. 이 과정이 110미터의 지층이 쌓여서 굳어지는 동안 무려 329번이나 반복되었어요. 이것으로 보아 공룡은 상족암 해안 일대에 오랜 기간 무리를 지어 살았음을 알 수 있어요.

공룡 알둥지 (고성)

발자국과 함께 고성에서는 공룡 알둥지도 많이 발견되고 있어요. 이것으로는 공룡들이 이곳에서 알을 낳고 살았음을 알 수 있지요. 이런 대규모의 화석지는 전 세계적으로도 매우 드문 경우예요.

고성군 하이면 덕명리 해안은 공룡 생태의 비밀을 풀 수 있는 가장 좋은 장소이기 때문에 현재 천연기념물 제411호로 지정되어 보호받고 있지요. 또한 유네스코 세계 자연유산 잠재 목록으로 등재되어 있어요. 이처럼 고성군은 공룡 발자국 외에도 수많은 화석과 퇴적 지층이 있어서 야외 자연사 박물관이라고 할 수 있는 곳이랍니다.

들쑥날쑥 바닷가 바위 틈에서 공룡 발자국을 찾아내기

① 발자국에 의해 만들어져 눌린 자국 (凹)이 있나요?

② 발자국에 비교적 굵은 발가락 자국이 나타나나요?

③ 발자국에 의해 눌린 자국 (凹)이 규칙적으로 나타나나요?

1, 2, 3번 모두를 만족한다면 그건 바로 공룡 발자국이에요.

잠재
검토 과정을 거친 뒤 최종적으로 결정될 것을 말해요.

여기서
잠깐!

공룡의 발자국을 찾아라!

오른쪽 사진에는 공룡이 남기고 간 발자국이 찍혀 있어요. 공룡박물관 주변 해안가를 돌아보면 똑같은 발자국을 만날 수 있답니다. 여러분도 찾아보고 멋지게 사진을 찍어 보세요. 그리고 멋지게 찍은 사진을 65쪽에 붙여 보세요.

☞ 정답은 72쪽에

공룡 발자국의 보관소, 지층

바닷가 바윗면을 따라 공룡 발자국을 찾아보았나요? 발자국을 찾아 바닷가 바윗면을 따라 돌다보면, 재미있는 모양을 볼 수 있어요. 바로 바다로 향한 절벽이 오른쪽 사진처럼 바위를 얇게 저며 층층이 쌓아 놓은 모양임을 알 수 있지요. 이것을 바로 '지층'이라고 해요.

그럼, 지층이란 무엇을 말하는 걸까요? 지층은 자갈이나 모래, 진흙 등이 강바닥이나 땅 표면에 층층이 쌓여서 층을 이루고 있는 모양을 말한답니다. 공룡의 발자국 화석이 발견되는 고성 바닷가에 가면 이런 지층을 많이 볼 수 있어요.

각 지층을 조사해 보면 각각의 지층이 표면이었을 때 어떤 일이 있었으며,

사진 속 모양을 지층이라고 하지. 그리고 이런 지층에는 이름이 있단다. 뭐냐고? 바로 '경상누층군 진동층' 이라고 해! 이 안에는 공룡들의 발자국이 많이 숨어 있단다.

어떤 생물들이 살았는지 알 수 있답니다.

자, 지금 보고 있는 지층을 잘 살펴보세요. 어디에선가 공룡 발자국이 또 나타날지도 모른답니다.

여기서
잠깐!

사람이나 공룡은 모두 이름이 있지요? 또 어떤 것에 이름이 있을까요? 맞아요. 인간이 살기 이전에 만들어진 이런 지층들에도 이름이 있답니다. 우리나라의 지층 중에서 중생대에 만들어진 지층은 대동누층군과 묘곡층, 그리고 경상누층군이라는 이름을 갖고 있어요. 이 중에서 경상누층군은 경상남·북도에 걸쳐 넓게 분포하고 있어요. 이곳에서 다양한 화석과 더불어 공룡 화석들이 많이 발견되고 있답니다.

🔍 고성 지층의 이름은?

경상남도에는 많은 시와 군이 포함되어 있듯이 경상누층군에도 몇 개의 작은 지층들이 속해 있어요. 경남 고성은 행정 구역상으로는 경상남도 고성군이라고 부르지만 지질학적 시간으로는 '경상누층군 진동층'이라는 이름을 가지고 있답니다.

나는 누구일까요?

발자국이 찍혀 있는 해안가 바위를 따라 걷다 보면, 불쑥 내가 나타나지요. 지금까지 공룡에 대해 자세히 알아보았으니 내가 누구인지 금방 알 수 있겠지요? 아래에 내 이름을 써 보세요.

(   )

▶ **힌트** 공룡 중에서 이름이 가장 많이 알려진 친구예요.

☞ 정답은 72쪽에

공룡 발자국을 뒤로 하며

　고성 공룡박물관 체험학습을 모두 마칠 시간이에요. 공룡이 지구 상에 출현한 2억 3천만 년 전만 해도 이 파충류는 지구 상에 영원히 살아남을 것처럼 보였어요. 하지만 지구 상에 태어난 지 1억 6천만 년이 지난 어느 날, 약속이나 한 듯 모두 사라져 버렸어요. 우리는 이를 가리켜 '중생대 대멸종'이라고 말하지요. 하지만 대멸종이 이때에만 일어난 것이 아니랍니다.

　지구에 생명이 나타난 이후로 크고 작은 멸종은 끊임없이 일어났어요. 그중에서 가장 큰 멸종은 고생대에서 중생대에 걸쳐 일어났어요. 대멸종이 일어난 이후에 새로운 생물 종들이 지구 상에 나타났지요. 이 생물 종들은 지구에 새로운 세상을 열었답니다. 이 새로운 세상의 주인공 가운데 하나가 바로 파충류, 특히 공룡이었어요. 그러나 중생대에 대멸종이 일어나 공룡을 포함한 많은 생물들이 사라졌지요. 그리고 새로운 생물 종들이 나타나 신생대라는 새로운 세상을 만들었답니다.

　신생대가 시작된 지도 벌써 6천 5백만 년이 흘렀어요. 그런데 지금

도 수많은 생물이 급속히 사라져 가고 있어요. 하루 평균 사라지는 생물 종들은 약 30~70종에 달한답니다. 이런 속도라면 1년이면 적어도 1만 종 이상의 생물 종들이 지구 상에서 영원히 사라지게 될 거예요. 현재 전체 생물 종의 수는 약 1천만 종에서 1억 종 정도로 추정하고 있어요. 이 수치는 짧게는 1천 년이면 지구 상의 모든 종들이 사라지게 되고, 길게 보아도 1만 년이면 모든 생물 종들이 사라질지도 모른다는 것을 뜻하지요.

지구가 만들어진 이후 지구의 기온과 생태계는 수시로 변했어요. 하지만 오늘날 일어나고 있는 자연환경의 변화는 너무 빨라서 무서울 정도랍니다. 혹시 우리 주변에서 일어나고 있는 여러 자연 재해들이 여섯 번째 대멸종을 알리는 신호탄은 아닐까요?

이제 박물관을 나서면, 우리가 자연환경을 보호하기 위해 할 수 있는 것이 무엇인지를 되새겨 봐야 할 거에요. 지금부터라도 노력한다면 여섯 번째 대멸종을 막을 수 있을 테니까요.

이 책에 등장한 공룡들

갈리미무스 Gallimimus
- 등장한 쪽 : 42쪽
- 분　류 : 용반류, 수각류
- 몸길이 : 5～6m
- 시　대 : 백악기
- 식　성 : 육식
- 장　소 : 몽골

데이노니쿠스 Deinonychus
- 등장한 쪽 : 12쪽
- 분　류 : 용반류, 수각류
- 몸길이 : 2.5～3.5m
- 시　대 : 백악기
- 식　성 : 육식
- 장　소 : 미국

도리그나토스 Dorygnathus
- 등장한 쪽 : 27쪽
- 분　류 : 익룡
- 몸길이 : 1～1.4m
- 시　대 : 쥐라기
- 식　성 : 육식
- 장　소 : 영국, 독일

드로마에오사우루스 Dromaeosaurus
- 등장한 쪽 : 32쪽, 33쪽
- 분　류 : 용반류, 수각류
- 몸길이 : 1.8m
- 시　대 : 백악기
- 식　성 : 육식
- 장　소 : 미국, 캐나다

디모포돈 Dimorphodon
- 등장한 쪽 : 27쪽
- 분　류 : 익룡
- 몸길이 : 1.2m
- 시　대 : 쥐라기
- 식　성 : 육식
- 장　소 : 영국, 독일

디플로도쿠스 Diplodocus
- 등장한 쪽 : 11쪽, 12쪽, 42쪽
- 분　류 : 용반류, 용각류
- 몸길이 : 27m
- 시　대 : 쥐라기
- 식　성 : 초식
- 장　소 : 미국

람포링쿠스 Rhamphorhynchus
- 등장한 쪽 : 26쪽
- 분　류 : 익룡
- 몸길이 : 1.8m
- 시　대 : 쥐라기
- 식　성 : 육식
- 장　소 : 독일, 탄자니아

메갈로사우루스 Megalosaurus
- 등장한 쪽 : 14쪽
- 분　류 : 용반류, 수각류
- 몸길이 : 8m
- 시　대 : 쥐라기
- 식　성 : 육식
- 장　소 : 영국, 프랑스

모놀로포사우루스 Monolophosaurus
- 등장한 쪽 : 26쪽, 28쪽, 29쪽
- 분　류 : 용반류, 수각류
- 몸길이 : 5～6m
- 시　대 : 쥐라기
- 식　성 : 육식
- 장　소 : 중국

모사사우루스 Mosasaurus
- 등장한 쪽 : 43쪽
- 분　류 : 파충류
- 몸길이 : 12.5～17.6m
- 시　대 : 백악기
- 식　성 : 육식
- 장　소 : 미국

무스사우루스 Mussaurus
- 등장한 쪽 : 37쪽
- 분　류 : 용반류, 용각류
- 몸길이 : 0.2～3m
- 시　대 : 트라이아스기
- 식　성 : 초식
- 장　소 : 아르헨티나

미크로랩터 Microraptor
- 등장한 쪽 : 37쪽
- 분　류 : 용반류, 수각류
- 몸길이 : 38～40cm
- 시　대 : 백악기
- 식　성 : 육식
- 장　소 : 중국

바리오닉스 Baryonyx
- 등장한 쪽 : 35쪽
- 분　류 : 용반류, 수각류
- 몸길이 : 12m
- 시　대 : 백악기
- 식　성 : 육식
- 장　소 : 영국, 스페인

벨로키랩터 Velociraptor
- 등장한 쪽 : 12쪽, 16쪽
- 분　류 : 용반류, 수각류
- 몸길이 : 1.5～2m
- 시　대 : 백악기
- 식　성 : 육식
- 장　소 : 몽골, 중국

부경사우루스 Pukyongsaurus
- 등장한 쪽 : 52쪽
- 분　류 : 용반류, 용각류
- 몸길이 : 20～25m
- 시　대 : 백악기
- 식　성 : 초식
- 장　소 : 한국

브라키오사우루스 Brachiosaurus
- 등장한 쪽 : 11쪽, 12쪽, 21쪽, 22쪽, 36쪽, 37쪽, 42쪽
- 분　류 : 용반류, 용각류
- 몸길이 : 28m
- 시　대 : 쥐라기
- 식　성 : 초식
- 장　소 : 미국, 포르투갈

세이스모사우루스 Seismosaurus
- 등장한 쪽 : 12쪽, 36쪽, 37쪽
- 분　류 : 용반류, 용각류
- 몸길이 : 35～45m
- 시　대 : 쥐라기
- 식　성 : 초식
- 장　소 : 미국

슈노사우루스 Shunosaurus
- 등장한 쪽 : 42쪽
- 분　류 : 용반류, 용각류
- 몸길이 : 10m
- 시　대 : 쥐라기
- 식　성 : 초식
- 장　소 : 중국

스테고사우루스 Stegosaurus
- 등장한 쪽 : 13쪽, 42쪽
- 분　류 : 조반류, 검룡류
- 몸길이 : 9m
- 시　대 : 쥐라기
- 식　성 : 초식
- 장　소 : 미국

스트루티오미무스 Struthiomimus
- 등장한 쪽 : 14쪽, 15쪽
- 분　류 : 용반류, 수각류
- 몸길이 : 3.7m
- 시　대 : 백악기
- 식　성 : 육식
- 장　소 : 캐나다, 미국

아르케오르니토미무스 Archaeornithomimus
- 등장한 쪽 : 15쪽
- 분　류 : 용반류, 수각류
- 몸길이 : 1～1.5m
- 시　대 : 백악기
- 식　성 : 육식
- 장　소 : 중국

아르헨티노사우루스 Argentinosaurus
- 등장한 쪽 : 37쪽
- 분　류 : 용반류, 용각류
- 몸길이 : 30～40m
- 시　대 : 백악기
- 식　성 : 초식
- 장　소 : 아르헨티나

아파토사우루스 Apatosaurus
- 등장한 쪽 : 35쪽
- 분　류 : 용반류, 용각류
- 몸길이 : 27m
- 시　대 : 쥐라기
- 식　성 : 초식
- 장　소 : 미국

안킬로사우루스 Ankylosaurus
- 등장한 쪽 : 13쪽, 14쪽, 15쪽, 22쪽, 32쪽, 42쪽
- 분　류 : 조반류, 곡룡류
- 몸길이 : 8～11m
- 시　대 : 백악기
- 식　성 : 초식
- 장　소 : 미국, 캐나다

안항구에라 Anhanguera
- 등장한 쪽 : 27쪽
- 분　류 : 익룡
- 몸길이 : 4m
- 시　대 : 백악기
- 식　성 : 육식
- 장　소 : 브라질

알로사우루스 Allosaurus
- 등장한 쪽 : 12쪽, 35쪽
- 분　류 : 용반류, 수각류
- 몸길이 : 12~14m
- 시　대 : 쥐라기
- 식　성 : 육식
- 장　소 : 미국, 포르투갈, 오스트레일리아

에드몬토니아 Edmontonia
- 등장한 쪽 : 13쪽
- 분　류 : 조반류, 곡룡류
- 몸길이 : 6~7m
- 시　대 : 백악기
- 식　성 : 초식
- 장　소 : 캐나다

오르니토미무스 Ornithomimus
- 등장한 쪽 : 42쪽
- 분　류 : 용반류, 수각류
- 몸길이 : 3.5~6m
- 시　대 : 백악기
- 식　성 : 육식
- 장　소 : 미국, 캐나다

오비랩터 Oviraptor
- 등장한 쪽 : 12쪽, 16쪽, 17쪽, 48쪽
- 분　류 : 용반류, 수각류
- 몸길이 : 1.5~2m
- 시　대 : 백악기
- 식　성 : 육식
- 장　소 : 몽골, 중국

이구아노돈 Iguanodon
- 등장한 쪽 : 13쪽, 14쪽, 17쪽, 39쪽
- 분　류 : 조반류, 조각류
- 몸길이 : 10m
- 시　대 : 백악기
- 식　성 : 초식
- 장　소 : 유럽, 북미, 아시아, 아프리카

풍가리테루스 Dsungaripterus
- 등장한 쪽 : 27쪽
- 분　류 : 익룡
- 몸길이 : 3m
- 시　대 : 백악기
- 식　성 : 육식
- 장　소 : 중국

카마라사우루스 Camarasaurus
- 등장한 쪽 : 12쪽
- 분　류 : 용반류, 용각류
- 몸길이 : 20m
- 시　대 : 쥐라기
- 식　성 : 초식
- 상　소 : 미국

케짤코아틀루스 Quetzalcoatlus
- 등장한 쪽 : 26쪽, 27쪽
- 분　류 : 익룡
- 몸길이 : 8~13m
- 시　대 : 백악기
- 식　성 : 육식
- 장　소 : 미국

콤프소그나투스 Compsognathus
- 등장한 쪽 : 36쪽
- 분　류 : 용반류, 수각류
- 몸길이 : 0.6~1m
- 시　대 : 쥐라기
- 식　성 : 육식
- 징　소 : 독일, 프링스

클라멜리사우루스 Klamelisaurus
- 등장한 쪽 : 12쪽, 28쪽, 29쪽, 42쪽
- 분　류 : 용반류, 용각류
- 몸길이 : 17m
- 시　대 : 쥐라기
- 식　성 : 초식
- 장　소 : 중국

테리지노사우루스 Therizinosaurus
- 등장한 쪽 : 37쪽
- 분　류 : 용반류, 수각류
- 몸길이 : 11m
- 시　대 : 백악기
- 식　성 : 육식
- 장　소 : 몽골

투오지앙고사우루스 Tuojiangosaurus
- 등장한 쪽 : 13쪽, 15쪽
- 분　류 : 조반류, 검룡류
- 몸길이 : 7m
- 시　대 : 쥐라기
- 식　성 : 초식
- 장　소 : 중국

트리케라톱스 Triceratops
- 등장한 쪽 : 13쪽, 32쪽, 42쪽, 55쪽
- 분　류 : 조반류, 각룡류
- 몸길이 : 9m
- 시　대 : 백악기
- 식　성 : 초식
- 장　소 : 미국, 캐나다

티라노사우루스 Tyrannosaurs
- 등장한 쪽 : 9쪽, 12쪽, 17쪽, 34쪽, 35쪽, 42쪽, 43쪽, 59쪽
- 분　류 : 용반류, 수각류
- 몸길이 : 10~14m
- 시　대 : 백악기
- 식　성 : 육식
- 장　소 : 캐나다, 미국, 아시아

파키케팔로사우루스 Pachycephalosaurus
- 등장한 쪽 : 13쪽, 33쪽
- 분　류 : 조반류, 우두류
- 몸길이 : 4~5m
- 시　대 : 백악기
- 식　성 : 초식
- 장　소 : 미국, 캐나다, 몽골

프로토케라톱스 Protoceratops
- 등장한 쪽 : 13쪽, 34쪽, 49쪽
- 분　류 : 조반류, 각룡류
- 몸길이 : 1~2.5m
- 시　대 : 백악기
- 식　성 : 초식
- 장　소 : 몽골, 중국

프테라노돈 Pteranodon
- 등장한 쪽 : 27쪽
- 분　류 : 익룡
- 몸길이 : 1.8m
- 시　대 : 백악기
- 식　성 : 육식
- 장　소 : 미국, 영국

프테로닥틸루스 Pterodactylus
- 등장한 쪽 : 26쪽, 27쪽
- 분　류 : 익룡
- 몸길이 : 1~2m
- 시　대 : 쥐라기
- 식　성 : 육식
- 장　소 : 독일, 프랑스, 영국

하드로사우루스 Hadrosaurus
- 등장한 쪽 : 52쪽
- 분　류 : 조반류, 조각류
- 몸길이 : 7~10m
- 시　대 : 백악기
- 시　선 : 죠식
- 장　소 : 북미

힐라에오사우루스 Hylaeosaurus
- 등장한 쪽 : 14쪽
- 분　류 : 조반류, 곡룡류
- 몸길이 : 5m
- 시　대 : 백악기
- 식　성 : 초식
- 장　소 : 영국

힙실로포돈 Hypsilophodon
- 등장한 쪽 : 13쪽
- 분　류 : 조반류, 조각류
- 몸길이 : 2m
- 시　대 : 백악기
- 식　성 : 초식
- 장　소 : 영국, 미국

나는 고성 공룡박물관 박사!

공룡박물관 답사가 모두 끝났어요. 공룡박물관에 대해 제법 많은 것을 알게 된 것 같지요?
그렇다면 실력을 마음껏 발휘해서 문제를 풀어 보세요.

❶ 몇 마리가 지나갔을까요?

오른쪽 그림은 공룡이 남긴 발자국을 그린 것이에요. 몇 마리의 공룡들이 걸어갔을까요? 한 마리의 공룡이 지나갔을 듯한 발자국에 서로 다른 색깔로 칠해 보세요. 몇 마리의 공룡이 지나갔는지 알 수 있답니다.

(   ) 마리

② 최고의 공룡을 찾아보세요.

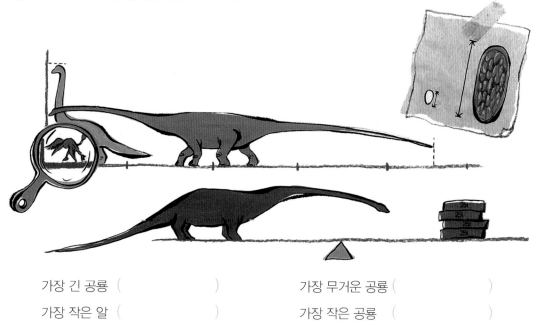

가장 긴 공룡 (   )　　　가장 무거운 공룡 (   )

가장 작은 알 (   )　　　가장 작은 공룡 (   )

③ 멋진 발자국 사진을 붙여 보세요.

발자국 화석지에서 직접 공룡 발자국 사진을 찍었나요? 찍은 것 중에서 멋지게 나온 사진을 붙어
보세요.

☞ 정답은 72쪽에

④ 어울리는 이름을 연결해 보세요.

공룡의 뜻을 알아보면 "무서운 도마뱀"이라는 의미예요. 그래서 다른 공룡들도 이름을 살펴보면 "~한 도마뱀"이라는 뜻이 된답니다. 다음 그림을 보고 어울리는 이름을 찾아서 연결해 보세요.

트리케라톱스

드로마에오사우루스

티라노사우루스

뿔이 세 개 달린 도마뱀

포악한 도마뱀

빨리 뛰는 도마뱀

⑤ 도전 골든벨 OX 퀴즈!

다음 질문에 O 또는 X로 답하세요.

1) 육식 공룡은 두 발로만 걷고 초식 공룡은 네 발로만 걷는다. ( )
2) 경남 고성에서 가장 많이 발견되는 발자국은 조각류 발자국이다. ( )
3) 공룡과 가장 가까운 후손은 새이다. ( )
4) 육식 공룡 티라노사우루스는 앞발에 2개의 손가락을 가지고 있다. ( )
5) 초식 공룡은 발바닥을 땅에 딛고 걷지를 않았다. ( )
6) 최초의 공룡은 트라이아스기 중엽 아르헨티나에서 출현하였다. ( )
7) 공룡의 발자국만으로도 공룡의 이름을 알 수 있다. ( )
8) 공룡은 중생대 육지와 하늘, 그리고 바다에 살았다. ( )
9) 공룡은 파충류처럼 알을 낳았지만 새끼를 돌보지는 않았다. ( )
10) 육식 공룡의 알은 대체로 둥근 편이다. ( )

맞은 개수	공룡박물관에 대한 나의 상식 수준
1~3개	야호! 딱 걸렸어요. 공룡박물관에 다시 다녀오세요.
4~6개	애개, 공룡박물관을 대충 보았군요.
7~9개	오호~. 그대를 공룡학자로 임명합니다.
10개	우아, 공룡이닷!

❻ 십자말풀이를 해 보세요.

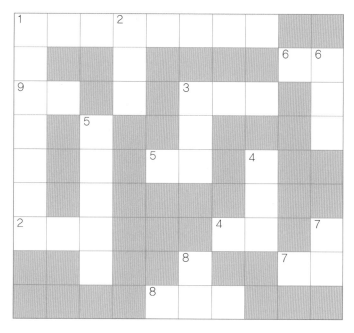

〈가로 열쇠〉

1. 중생대 공룡 중 가장 빠른 공룡 중 하나. 일명 '타조 공룡'이라고 해요.

2. 특이한 돛 모양의 얇은 피부막이 등에 솟아 있으며 물고기를 잡아먹기에 좋은 이빨을 가지고 있답니다. ○○○사우루스

3. 공룡은 엉덩이 뼈의 형태에 따라 용반목과 ○○○으로 나누어요.

4. 중생대 하늘을 지배하였던 파충류를 말해요.

5. 하늘을 나는 ○○는 공룡의 후손이라고 합니다.

6. 옛날의 환경을 알려 주는 화석을 ○○화석이라 합니다.

7. 생물의 유해나 흔적이 암석에 보존되어 나타나는 것을 말해요.

8. 쥐라기 후기에 등장한 최초의 새.

9. 우리나라 최초의 공룡박물관이 있는 곳은, 경남 ○○이에요.

〈세로 열쇠〉

1. 투오지앙고사우루스와 친척. 등줄기를 따라 오각형의 골판이 발달했어요.

2. 티라노사우루스 렉스를 줄여서, ○○○라고도 해요.

3. 공룡 발자국은 그 모양에 따라 크게, 수각류, 용각류, ○○○ 발자국으로 구분해요.

4. 중생대에 물 속에 살던 파충류를 말해요.

5. 두 발로 걷기와 네 발로 걷기가 모두 가능한 조각류 공룡이에요.

6. 고성 공룡박물관은 ○○○군립공원 내에 위치해 있어요.

7. 초식 공룡의 위에서 발견되는 돌을 말해요.

8. 스트루티오미무스는 이것과 닮았다하여 ○○공룡이라고 불러요.

☞ 정답은 72쪽에

공룡신문 잘 만들기!

고성 공룡박물관에서 많은 것을 보고 듣고 배웠지요? 그렇다면 이번에는 우리 박물관에서 얻은 내용들을 바탕으로 신문을 만들어 보면 어떨까요? 직접 신문을 만드는 일은 생각보다 어렵고 손이 많이 간답니다. 하지만 여러분의 생각과 글 솜씨를 키우는 데 신문을 만드는 것만큼 효과적인 활동은 없지요. 그럼 함께 신문을 만들어 볼까요?

체험학습 후 신문 만들기를 한다면!

신문 만들기는 우리의 생각을 키워 주고 세상을 종합적으로 바라보는 눈을 갖게 해 주는 활동이랍니다. 단지 지식을 얻는 것으로만 그치는 게 아니라 스스로 주제를 찾아 해결하는 과정에서 탐구심을 얻을 수 있고요. 또한 다양한 활동을 함으로써 창의적인 생각을 기를 수 있으며, 친구들과

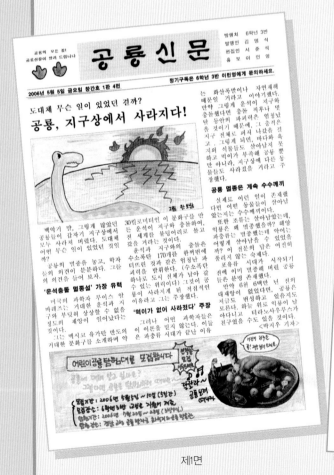

제1면

제2면

함께 활동함으로써 단체 생활의 규칙을 몸으로 직접 체험할 수 있습니다. 이런 과정을 겪는 동안 여러분은 논리적인 어린이로 자랄 것입니다.

견학신문 이렇게 만들어요!

우선 신문을 만들기 위해서는 편집 회의부터 해야 해요. 친구들과 함께 모여 신문의 주제와 역할을 정합니다. 그 다음 신문의 크기, 만드는 방법, 면수 등을 결정하도록 해요. 기자의 역할은 편집장, 편집 기자, 취재 기자로 나누고, 역할 분담의 조언은 선생님이나 부모님께 구하는 것도 좋겠지요. 견학 주제는 견학에서 가장 흥미로웠던 내용들을 바탕으로 해요. 그것에 맞게 이제 각 지면을 구성해 볼까요?

제3면

공룡이랑 놀자, 공룡의 세계 직접 체험
- 김대길 선생님의 '공룡 놀이터, 고성공룡박물관 탐방기'

우리 중 공룡에 대해 관심이 없는 사람은 드물 것이다. 특히 영화 '쥬라기 공원' 이후 공룡에 대한 관심은 더욱 높아졌다. 그러나 우리나라에도 공룡 발자국 화석이 무더기로 발견되고 있어 관심을 더욱 고조시키고 있다.

공룡 엑스포가 열린다는 경남 고성! 이곳에 있는 공룡박물관, 고성공룡박물관에는 무엇이 있을까?

고성박물관은 2004년도에 처음 문을 열었다. 10여 종의 공룡 표본 화석과 4종의 공룡 전통 화석을 비롯해 모두 96점에 이르는 다양한 공룡 관련 화석을 만날 수 있는 공룡박물관이다.

Q&A 알쏭달쏭 궁금한 공룡 이야기

김대길(알암선생님) 박사는 한국의 대표적인 공룡학자이다. 우리가 늘 궁금해하는 다양한 공룡 이야기를 들려 주신다. 반에서 아이들과 함께 공룡이야기를 모아 대답해 주었다.

Q. 한국에 분포하는 공룡은 어떤 공룡들인가요?
A. 고성에 생존했던 중생대는 크게 삼첩기, 쥐라기, 백악기로 구분된다. 국내 화석은 전기 백악기 지층에서 발견되고 있어요. 백악기 지층은 남한의 4분의 1 정도나 차지합니다. 또한 그래서 6천 500만 년 전 멸종한 최후의 공룡인 티라노사우루스의 화석을 한반도에서 발견할 수 있죠. 국내 발자국은 대부분 조각류 발자국입니다.

Q. 한국인이 이름 지은 공룡도 있나요?
A. 네, 있습니다. 한국인에 의해 연구되고 공식 학명으로 인정되고 있는 공룡 이름이 부경대학교 백인성 교수가 발굴한 '천년부경룡(부경고사우아이)'입니다.

Q. 모기피로 공룡 복제가 가능한가요?
A. 결론부터 말하면 불가능합니다. DNA는 물에 녹으면서 약한 단백질입니다. 아마 화석이 되면서 불가능합니다.

Q. 공룡은 왜 멸종했나요?
A. 그건 저 역시 알지 못합니다. 아직은 제게도 모르고 있어요.

<정리 김규리 기자>

제4면

세계문화유산 등재될 공룡발자국을 보호!

경남 고성군을 포함해 남해안 일대에는 공룡발자국 화석지가 넓게 분포되어 있다. 최근 TV의 뉴스를 보니, 이번에 고성 공룡발자국은 세계문화재정에서 잠정목록에 올라 세계문화유산으로 등재되고 있다는 것이다.

세계 최대 규모인 고성 공룡발자국 화석은 다른 연체동물의 흔적과 함께 발견되어 당시 생태계를 연구하는 중요한 자료로 평가받고 있다고 한다.

공룡에 대한 궁금증 한자리
- 공룡 어린이 책 수십종

공룡에 대한 궁금증이 있다면 그에 관한 책반 수십종에 대답하는 게...

★ 추천도서 ★
● 고성공룡박물관/해피북스
● 골팽이 해님 / 타임
● 경피서점공룡백과/문구나무
● 공룡대탐험/창작과비평

재미있는 십자 낱말 풀이!!

[세로]
1. 부모잔암고사우루스와 천적, 등굽기를 따라 오각형
2. 티라노사우루스류
3. 공룡발자국수가 줄어서, ○○이라고도 함
4, 000 발자국으로 구분된다.
5. 공룡의 큰 부위 특징이 ○○○이라 함
6. 이동방행과 사족보행이 모두 가능한 조각류 공룡
7. 고성공룡발자국은 000㎢립공원 내에 위치한다.

[가로]
1. 중생대 공룡 중 가장 배가 공룡 중 하나, 일명 타조룡
2. 두꺼운 돌 모양에 좋은 이류로 가치고 있다.
3. 공룡은 광의의 형태에 따라 용반목과 ○○으로 나눔
4. ○○는 ○○는 공룡의 후손이라고 합니다.

신문의 구성은 이렇게 해요!

먼저 신문의 주제에 맞는 제목을 정해요. 그런 다음, 발행 기간 등을 정하고, 발행 번호를 붙여야 하겠지요? 계속 발행하는 것이 아니라면 특집호로 해도 상관없어요. 이제 사실을 전달하는 기사를 정합니다. 주요 기사나 보도 기사가 이에 해당해요. 신문의 주제와 관련된 것 중 가장 중요한 사건을 쓰도록 해요. 주제를 해석하는 기사도 쓰도록 해요. 만평이나 신문 사설이나 칼

1 책 소개

주제에 맞게 다양한 책을 소개하도록 합니다. 책 소개를 할 때는 책의 주제가 무엇인지, 전체적인 내용은 어떤지, 독자에게 꼭 필요한 내용을 담고 있는지, 내용 상 아쉬운 점은 무엇인지 등을 써 주면 독자들이 나중에 책을 구입할 때 도움이 된답니다.

2 신문에 쓸 사진이나 그림

신문에서 쓸 사진이나 그림은 되도록 직접 찍거나 잡지나 신문, 견학할 때 가져온 안내서 등을 오려서 활용해도 좋아요. 만약 도저히 구할 수 없는 이미지라면 직접 그려도 좋습니다.

3 신문의 크기와 면수

신문을 만들 때, 컴퓨터를 이용할 거라면 A4 인쇄용지가 가장 효과적이에요. 만약 손으로 써서 만든다면 8절지나 4절지 도화지가 더 좋습니다. 면수는 짝수 면으로 만들어야 나중에 복사할 때 더 좋아요. 면수는 4쪽, 8쪽, 12쪽 등 4의 배수로 나가야겠지요.

4 독자 투고

독자 투고는 독자가 직접 참여하는 공간입니다. 평소에 느꼈던 불만이나 개선해야 할 점, 또는 좋은 경험 등을 사례로 들면서 모두에게 알리는 형식으로 글을 작성합니다.

5 주요 기사

주요 기사는 신문에서 가장 눈에 띄도록 신문 1면에 배치해요. 기사 내용에 맞는 사진이나 그림이 있으면 효과적으로 전달하겠지요.

6 즐거움을 주는 지면

신문은 다양한 소식을 전달하기도 하지만 독자에게 즐거움을 주기도 해야 합니다. '십자말풀이, ARS 퀴즈, 운세, 오늘의 격언, 숨은그림찾기, 무엇이든 물어 보세요' 등 나만의 독창적인 내용으로 구성해 보아요.

7 알림

주제에 맞는 소식이 아니라 편집자가 직접 전달하고 싶은 내용을 알리는 코너입니다. 편집 후기로 구성해도 좋아요. 신문을 만들면서 느꼈던 점을 써 보는 것도 좋겠지요.

8 신문의 단

신문을 구성할 때에는 몇 단으로 나눌 것인가를 먼저 결정하도록 해요. A4 정도의 작은 사이즈는 3단, 8절지라면 4단, 4절지라면 5단 정도가 적당하지요. 하지만 꼭 정해진 건 아니랍니다. 기사의 역할이나 중요도에 따라 단수는 얼마든지 달라질 수 있어요.

9 광고나 홍보

광고나 홍보는 1면 아랫단에 크게 넣도록 해요.

럼 같은 글들 말이지요. 독자를 위한 기사도 잊지 말아야 해요. 독자투고나 광고, 행사 안내, 그리고 재미를 담을 수 있는 공간도 마련해야 한답니다. 앞의 구성을 바탕으로 기사와 사진의 우선순위, 위치, 크기를 정해 각 장면을 구성해요.

10 신문 사설

사설은 주목할 만한 어떤 일에 대해 신문의 입장을 독자들에게 주장하는 글이에요. 체험학습을 통해 얻은 내용을 바탕으로 쓰면서 자신의 입장이나 견해를 서론, 본론, 결론의 형식으로 조리 있게 주장하는 게 이 글의 핵심이지요.

11 만화나 만평

단순히 재미보다는 그 의미가 잘 나타나도록 표현해요. 정해져 있는 지면에서 효과적으로 전달하기 위해서는 많은 고민이 필요해요.

12 특집 기사

특집 기사를 쓸 때에는 다양한 형식으로 소개하는 게 좋아요. 탐방 기사나 인터뷰 기사도 좋겠지요. 그러나 무엇보다 중요한 건 주제에서 벗어나서는 안 되며, 현장이나 그 시대에 맞게 생생한 소식을 전달할 수 있어야 하겠지요.

제2면

제3면

15 인터뷰

인터뷰 기사는 평소 궁금했던 내용 이나 ㅆ시트으 게 당 전문가에서 묻는 형식으로 구성합니다. 알쏭달쏭 궁금한 이야기도 좋고, '전문가에게 듣다.'나 'OO를 만나다.' 등의 다양한 제목으로 구성해 보세요.

13 신문의 제목

제목은 기사 내용의 요약이 아니라 강조하는 것이랍니다. 기사로 전달하고자 하는 핵심을 집어내서 제목으로 결정해야 해요. 뿐만 아니라 독자의 눈길을 사로잡도록 정하는 것이 중요하겠지요. 그러기 위해서는 쉽고 간결하며 정확한 표현으로 전달해야 할 거예요.

14 보도 기사

보도 기사는 사건을 널리 알리는 것이 목적이에요. 그래서 사건에 대해 정확히 보도해야 해요. 보도 기사를 쓸 때에는 유의해야 할 점이 있어요. 육하 원칙에 따라 써야 한다는 점이에요. '육하원칙'이란 '누가, 언제, 어디서, 무엇을, 어떻게, 왜'의 조건을 만족시키도록 글을 쓰는 것을 말해요. 이 기준에 맞춰 글을 쓴다면 좀 더 일목요연하게 사건의 내용이 전달된답니다.

신문 모양으로 복사하기

네 면을 꾸민 다음에는 한 장의 신문으로 복사를 해야 해요. 복사를 하려면 접었을 때 안쪽에 있는 지면은 그것끼리, 겉으로 보이는 지면은 그것끼리 따로따로 모아서 복사해야 해요. 1면과 4면을 나란히, 그리고 2면과 3면을 나란히 놓고 복사해야 하지요.

정답

여기서 **잠깐!**

15쪽

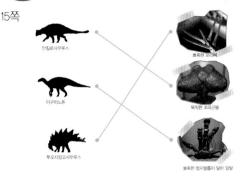

안킬로사우루스 — 뾰족한 꼬리뼈
이구아노돈 — 뭉툭한 꼬리곤봉
투오지앙고사우루스 — 뾰족한 엄지발톱이 달린 앞발

22쪽

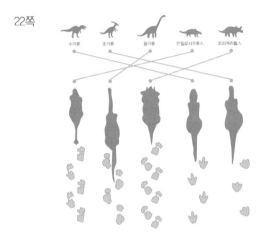

수각류   조각류   용각류   안킬로사우루스   트리케라톱스

28쪽 1. 닭

32쪽

36쪽 ❹번

43쪽

모사사우루스의 이빨
중생대 백악기 바다의 지배자였던 모사사우루스는 몸길이가 10미터에 이르는 거대 해양 파충류예요. 녀석의 이빨은 톱니 구조가 아니며, 고깔 모양이었어요.

상어 이빨
상어는 뼈가 연약한 연골 어류이기에 단단한 경골 어류보다 화석으로 잘 남을 수 없어요. 대신 단단한 상아질로 이루어진 상어이빨 화석은 많이 남아 있답니다.

고래 이빨
고래는 이빨이 있는 종류와 없는 종류로 나누어요. 이빨이 있는 고래가 남긴 이빨 화석이에요.

45쪽 ❹번
59쪽 티라노사우루스

나는 고성 공룡박물관 박사!

❶ 몇 마리가 지나갔을까요?

오른쪽 그림은 공룡이 남긴 발자국을 그린 것이에요. 몇 마리의 공룡들이 걸어갔을까요? 한 마리의 공룡이 지나갔을 듯한 발자국에 서로 다른 색깔로 칠해 보세요. 몇 마리의 공룡이 지나갔는지 알 수 있답니다.

[4] 마리

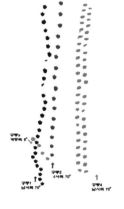

❷ 최고의 공룡을 찾아보세요.

가장 긴 공룡 (세이스모사우루스)   가장 무거운 공룡 (아르헨티노사우루스)
가장 작은 알 (무스사우루스의 알)   가장 작은 공룡 (마크로랩터)

❹ 어울리는 이름을 연결해 보세요.

공룡의 뜻을 알아보면 "무서운 도마뱀"이라는 의미예요. 그래서 다른 공룡들도 이름을 살펴보면 "~한 도마뱀"이라는 뜻이 된답니다. 다음 그림을 보고 어울리는 이름을 찾아서 연결해 보세요.

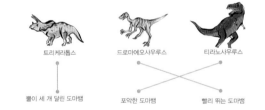

트리케라톱스   드로마에오사우루스   티라노사우루스

뿔이 세 개 달린 도마뱀   포악한 도마뱀   빨리 뛰는 도마뱀

❹ 도전 골든벨 OX 퀴즈!

다음 질문에 O 또는 X로 답하세요.

1) 육식 공룡은 2발로만 걷고 초식 공룡은 4발로만 걷는다 (X)
2) 경남 고성에서 가장 많이 발견되는 발자국은 조각류 발자국이다. (O)
3) 공룡과 가장 가까운 후손은 새이다. (O)
4) 육식 공룡 티라노사우루스는 앞발에 2개의 손가락을 가지고 있다. (O)
5) 초식 공룡은 발바닥을 땅에 딛고 걷지를 않았다. (X)
6) 최초의 공룡은 트라이아스기 중엽 아르헨티나에서 출현하였다. (O)
7) 공룡의 발자국만으로도 공룡의 이름을 알 수 있다. (X)
8) 공룡은 중생대 육지와 하늘, 그리고 바다에 살았다. (X)
9) 공룡은 파충류처럼 알을 낳았지만 새끼를 돌보지는 않았다. (X)
10) 육식 공룡의 알은 대체로 둥근 편이다. (X)

❸ 십자말풀이를 해보세요.

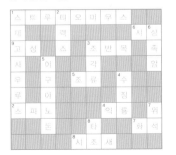

72

사진

초등학교 교과서와 관련된 학년별 현장 체험학습 추천 장소

1학년 1학기 (21곳)	1학년 2학기 (18곳)	2학년 1학기 (21곳)	2학년 2학기 (25곳)	3학년 1학기 (31곳)	3학년 2학기 (37곳)
철도박물관	농촌 체험	소방서와 경찰서	소방서와 경찰서	경희대자연사박물관	IT월드(과천정보나라)
소방서와 경찰서	광릉	서울대공원 동물원	서울대공원 동물원	광릉수목원	강원도
시민안전체험관	홍릉 산림과학관	농촌 체험	강릉단오제	국립민속박물관	경희대자연사박물관
천마산	소방서와 경찰서	천마산	천마산	국립서울과학관	광릉수목원
서울대공원 동물원	월드컵공원	남산골 한옥마을	월드컵공원	국립중앙박물관	국립경주박물관
농촌 체험	시민안전체험관	한국민속촌	남산골 한옥마을	기상청	국립고궁박물관
코엑스 아쿠아리움	서울대공원 동물원	국립서울과학관	한국민속촌	서대문자연사박물관	국립국악박물관
선유도공원	우포늪	서울숲	농촌 체험	선유도공원	국립부여박물관
양재천	철새	갯벌	서울숲	시장 체험	국립서울과학관
한강	코엑스 아쿠아리움	양재천	양재천	신문박물관	남산
에버랜드	짚풀생활사박물관	동굴	선유도공원	경상북도	남산골 한옥마을
서울숲	국악박물관	고성 공룡박물관	불국사와 석굴암	양재천	롯데월드 민속박물관
갯벌	천문대	코엑스 아쿠아리움	국립중앙박물관	경기도	국립민속박물관
고성 공룡박물관	자연생태박물관	옹기민속박물관	국립민속박물관	이화여대자연사박물관	삼성어린이박물관
서대문자연사박물관	세종문화회관	기상청	전쟁기념관	전쟁기념관	서대문자연사박물관
옹기민속박물관	예술의 전당	시장 체험	판소리	천마산	선유도공원
어린이 교통공원	어린이대공원	에버랜드	DMZ	한강	소방서와 경찰서
어린이 도서관	서울놀이마당	경복궁	시장 체험	화폐금융박물관	시민안전체험관
서울대공원		강릉단오제	광릉	호림박물관	경상북도
남산자연공원		몽촌역사관	홍릉 산림과학관	홍릉 산림과학관	월드컵공원
삼성어린이박물관		국립현대미술관	국립현충원	우포늪	육군사관학교
			국립4·19묘지	소나무 극장	해군사관학교
			지구촌민속박물관	예지원	공군사관학교
			우정박물관	자운서원	철도박물관
			한국통신박물관	서울타워	이화여대자연사박물관
				국립중앙과학관	제주도
				엑스포과학공원	천마산
				올림픽공원	천문대
				전라남도	태백석탄박물관
				경상남도	판소리박물관
				허준박물관	한국민속촌
					임진각
					오두산 통일전망대
					한국천문연구원
					종이미술박물관
					짚풀생활사박물관
					토탈야외미술관

4학년 1학기 (34곳)	4학년 2학기 (56곳)	5학년 1학기 (35곳)	5학년 2학기 (51곳)	6학년 1학기 (36곳)	6학년 2학기 (39곳)
강화도	IT월드(과천정보나라)	갯벌	IT월드(과천정보나라)	경기도박물관	IT월드(과천정보나라)
갯벌	강화도	광릉수목원	강원도	경복궁	KBS 방송국
경희대자연사박물관	경기도박물관	국립민속박물관	경기도박물관	덕수궁과 정동	경기도박물관
광릉수목원	경복궁 / 경상북도	국립중앙박물관	경복궁	경상북도	경복궁
국립서울과학관	경주역사유적지구	기상청	덕수궁과 정동	고성 공룡박물관	경희대자연사박물관
기상청	경희대자연사박물관	남산골 한옥마을	경상북도	국립민속박물관	광릉수목원
농촌 체험	고창, 화순, 강화 고인돌유적	농업박물관	경희대자연사박물관	국립서울과학관	국립민속박물관
서대문자연사박물관	전라북도	농촌 체험	고인쇄박물관	국립중앙박물관	국립중앙박물관
서대문형무소역사관	고성 공룡박물관	서울국립과학관	충청도	농업박물관	국회의사당
서울역사박물관	충청도	서울대공원 동물원	광릉수목원	롯데월드 민속박물관	기상청
소방서와 경찰서	국립경주박물관	서울숲	국립공주박물관	몽촌토성과 풍납토성	남산
수원화성	국립민속박물관	서울시청	국립경주박물관	민주화현장	남산골 한옥마을
시장 체험	국립부여박물관	서울역사박물관	국립고궁박물관	백범기념관	대법원
경상북도	국립서울과학관	시민안전체험관	국립민속박물관	서대문자연사박물관	대학로
양재천	국립중앙박물관	경상북도	국립서울과학관	서대문형무소 역사관	민주화 현장
옹기민속박물관	국립국악박물관 / 남산	양재천	국립중앙박물관	서울역사박물관	백범기념관
월드컵공원	남산골 한옥마을	강원도	남산골 한옥마을	조선의 왕릉	아인스월드
철도박물관	농업박물관 / 대법원	월드컵공원	농업박물관	성균관	서대문자연사박물관
이화여대자연사박물관	대학로	유명산	롯데월드 민속박물관	시민안전체험관	국립서울과학관
천미산	롯데월드 민속박물관	제주도	충청도	경상북도	서울숲
천문대	몽촌토성과 풍납토성	짚풀생활사박물관	서대문자연사박물관	암사동 선사주거지	신문박물관
철새	불국사와 석굴암	천마산	성균관	운현궁과 인사동	양재천
홍릉 산림과학관	시대문지연시박믈간	한강	세종대왕기념관	전쟁기념관	월드컵공원
화폐금융박물관	서울대공원 동물원	한국민속촌	수원화성	천문대	육군사관학교
선유도공원	서울숲	호림박물관	시민안전체험관	철새	이화여대자연사박물관
독립공원	시별박시박믈간	홍릉 산림과학관	시장 체험 / 신문박물관	청계천	중남미박물관
탑골공원	조선의 왕릉	하회마을	경기도	짚풀생활사박물관	짚풀생활사박물관
신문박물관	세종대왕기념관	대법원	강원도	태백석탄박물관	창덕궁
서울시의회	수원화성	김치박물관	경상북도	해인사 고려대장경과 장경판전	천문대
선거관리위원회	승정원 일기 / 양재천	난지하수처리사업소	옹기민속박물관	호림박물관	우포늪
소양댐	옹기민속박물관	농촌, 어촌, 산촌 마을	운현궁과 인사동	유니세프 한국위원회	판소리박물관
서남하수처리사업소	월드컵공원	들꽃수목원	육군사관학교	무령왕릉	한강
중랑구재활용센터	육군사관학교	정보나라	이화여대자연사박물관	현충사	홍릉 산림과학관
중랑하수처리사업소	철도박물관	드림랜드	전라북도	덕포진교육박물관	화폐금융박물관
	이화여대자연사박물관	국립극장	전쟁박물관	서울대학교 의학박물관	훈민정음
	조선왕조실록 / 종묘		창경궁 / 천마산	상수허브랜드	상수도연구소
	종묘제례		천문대		한국자원공사
	창경궁 / 창덕궁		태백석탄박물관		동대문소방서
	천문대 / 청계천		한강		중앙119구조대
	태백석탄박물관		한국민속촌		
	판소리 / 한강		해인사 고려대장경과 장경판전		
	한국민속촌		화폐금융박물관		
	해인사 고려대장경과 장경판전		중남미문화원		
	호림박물관		첨성대		
	화폐금융박물관		절두산순교지		
	훈민정음		천도교 중앙대교당		
	온양민속박물관		한국에너지기술연구원		
	아인스월드		한국자수박물관		
			초전섬유퀼트박물관